PEDALEANDO HACIA EL ÉXITO

IGOR GONZÁLEZ DE GALDEANO

KOLIMA
BOOKS

Título original: *Pedaleando hacia el éxito*

Primera edición: Abril 2022
© 2022 Editorial Kolima, Madrid
www.editorialkolima.com

Autor: Igor González de Galdeano
Dirección editorial: Marta Prieto Asirón
Maquetación de cubierta: Beatriz Fernández Pecci
Maquetación: Carolina Hernández Alarcón

ISBN: 978-84-18811-71-5

Dedicado a mis tres hijas, Nahia, Maddi y Paule.

Índice

Prólogo

Ahí estoy, respiro, pongo la atención en el momento y me dispongo a hacerlo. Voy a comenzar a dar las primeras pedaladas de un trayecto inolvidable. A mi lado Igor, el gran Igor, grande por sus indudables éxitos profesionales, pero principalmente por ser una gran persona.

Siento el aire fresco de la mañana en mi cara. Miro a mi lado y veo al niño de Larrea que experimentó su primer momento de libertad sobre una bicicleta, al joven profesor de matemáticas y al líder del Tour de Francia.

Mi corazón late a un ritmo agradable, me permite hablar, conversar con Igor, escuchar sus experiencias, contarle las mías, intercambiar anécdotas, momentos inspiradores, graciosos, emotivos, en definitiva la vida.

Paso páginas, doy pedales, es lo mismo, fluyo. Lo importante es el momento, la experiencia que estoy viviendo. Igor es amable, divertido, me lo pone fácil. Enseguida me doy cuenta de que su principal motivación es aportarme, porque es generoso. Generosidad que muestra en cada palabra que intercambia conmigo, en cada momento del trayecto.

Cuando mis piernas apenas se han acostumbrado a un ritmo llevadero, comienza la primera subida. Igor comparte conmigo su experiencia en Colorado, Campeonato del Mundo de Contrarreloj por Equipos en categoría juvenil. El equipo tuvo que emplearse a fondo; con tanta incertidumbre como humildad iban a conseguir un puesto en el pódium. Pero para ello debían experimentar un principio fundamental en toda acción conjunta: *para conseguir un objetivo común, las motivaciones individuales se deben canalizar en un sistema de confianza bien liderado. Además, el objetivo común debe estar bien definido, comprendido y aceptado sin ambages.*

Mientras coronamos el primer puerto del recorrido, Igor menciona tres palabras clave: *Visualización, estrategia y disciplina.* Son palabras que me llevan a muchas situaciones de mi vida donde ese principio estuvo presente.

Siento curiosidad por la humildad del líder, por la relevancia de esa virtud en el camino al éxito. Igor me cuenta su primera experiencia, aquella con la que comenzó a forjar a fuego su humildad. Lo manifiesta así:

—La ausencia de autocrítica me llevó a empeñarme en una tarea para la que no estaba preparado.

Lo entiendo, me identifico. Pienso en las veces en las que la impaciencia me ha llevado a emprender proyectos para los que no estaba preparado. Le pregunto:

—¿Podemos hablar de fracaso?

Igor no deja lugar a dudas:

—No, en absoluto, eso es aprendizaje.

La reflexión sobre la humildad del líder nos traslada a un momento inolvidable para Igor, el pódium de la Midi Libre del 2002. Un pódium que dejó de serlo para convertirse en un pedestal. El pedestal que se construyen aquellos que quieren brillar solos, aquellos que quieren captar toda la atención y que ganan bajo la premisa de que *el fin justifica los medios.* El Armstrong que subió a aquel pódium de un solo cajón supuso para Igor un ejemplo de lo que no se debe hacer. Me traslada esta experiencia y empatizo con su indignación. Liderazgo sin principios es tiranía. En aquel falso pódium se puso en evidencia la peor de las tiranías, la consciente. Reparo en que Igor hubiese perdonado un gesto de tiranía inconsciente, pero nunca la consciente: aquella que se ejerce aun sabiendo el daño que se hace. Reflexiono, recuerdo situaciones similares en mi vida, aprendo.

Llegamos a un largo llano. Mis piernas se mueven con energía, comenzamos a jugar con el viento, es divertido. Respiro, siento poder. Pedaleo junto a quien dominó el viento en una gesta irrepetible. Nos trasladamos a septiembre del 2001. El cierzo que describieron las crónicas deportivas como *huracán* llevó al mejor equipo a bailar con el viento, y a quien me acompaña a poner su nombre como vencedor de la etapa en línea más rápida de la historia. Hago mía la experiencia y comienzo a intentar reproducir ese baile con el viento. Disfruto, reflexiono y pienso en las muchas ocasiones en las que la práctica consciente de una actividad me ha generado esa misma sensación. Estoy en ese momento donde cada instante cuenta, donde parece que el tiempo se detiene para darme un respiro y susurrarme al oído: *aprende, mejora, disfruta.*

Practico llevado por la experiencia de un especialista en contrarreloj, quien entrenó y entrenó hasta conseguir ser el mejor. Igor me indica lo siguiente:

—Mira las líneas del asfalto para concentrarte en el esfuerzo. ¡Pero cuidado! Pégate a mi rueda y no pierdas nunca, nunca mi referencia, si no te podría ocurrir lo que me ocurrió a mí en la Vuelta de Alemania del 2003.

Intento reflexionar sobre ello sin perder la referencia de la rueda de Igor. La atención plena nos permite realizar una práctica consciente. Enfocar toda la atención en cada movimiento, en cada milímetro de la trazada. Este alto grado de concentración nos lleva a alcanzar cotas de especialización altísimas. Ajustar una y otra vez los objetivos intermedios hasta lograr el objetivo final. Pero cuando nos encontramos en esos instantes de atención plena necesitamos una referencia que nos indique la dirección; solo así nuestro esfuerzo se orienta hacia la eficacia. Pienso en esos momentos en los que el tiempo deja de existir, cuando estoy realizando una tarea que me hace fluir y me pregunto, ¿será esa la sensación que sienten los campeones de una disciplina deportiva cuando entrenan? Sigo sin perder la referencia de su rueda, miro las líneas del asfalto y me concentro plenamente en el esfuerzo.

Llega el momento de hacer una parada, de tomar un café juntos. Igor es un buen conversador, lo hace agradable. Muestro curiosidad por los momentos difíciles, por los que hacen que un líder quiera dejar de serlo. Por los ratos en los que notas una carga insoportable en tus hombros. Pregunto cómo se superan, qué te lleva a levantarte después de una dolorosa caída y seguir hasta la meta. Igor me lleva a la Vuelta de 1999, a la etapa con fin en el Angliru. La bajada de la Cobertoria. Momento mítico en las Vueltas de los 90 que Alex Zullë describió en cinco palabras: *Agua, bici, flores, culo, suelo*. Igor me cuenta su experiencia, observo cómo se emociona; parece que lo está volviendo a vivir:

–Lluvia, dolor, mi casco roto, me sentía perdido.

Escucho atento. Me intento poner en ese momento; cuando el líder debe trabajar en silencio para amortiguar el fuerte golpe sufrido, cuando no existe el dolor sino la determinación por recuperar la posición de liderazgo que te permita seguir con opciones al pódium. Porque sé que en el camino al liderazgo se reciben golpes, caídas como la que Igor sufrió con veintiséis años.

Sin salir de septiembre de ese mismo año, la conversación nos lleva a dos recuerdos muy distintos a partir de los cuales intercambiamos dos experiencias muy diversas. Mientras doy el primer sorbo al café, quien vistió el primer maillot oro de la Vuelta me cuenta el momento. Lo sigo con atención. Me imagino a Igor montado en la bici prestada por el aficionado de Orihuela llegando al primer pódium de la Vuelta de ese año y todos expectantes para que el ganador reciba el maillot de oro, que ese día se estrenaba con tanta ilusión. Mi sonrisa torna en una carcajada. Visualizo a Igor dando un fuerte abrazo y devolviendo su bicicleta al chico que el día siguiente fue nombrado por la prensa por estar en el momento y lugar adecuados, y por ser generoso con un líder generoso.

Del inicio anecdótico de la Vuelta del 99 nos trasladamos al final de esta, cuando estaba todo por definir. Quiero saber qué pasaba por la cabeza de Igor en esos momentos previos a la contrarreloj del Tiemblo. Igor, mientras apura su café, prosigue:

—Llegué a la penúltima etapa segundo en la general, a tan solo treinta segundos del líder, el alemán Jan Ullrich.

Me intento poner en situación; nervios, indecisión, preocupación. Ánimos que se convierten en presión. ¡Cuántas veces he vivido situaciones similares! Momentos no tan mediáticos como los que vivió Igor, pero que internamente creo haber vivido con la misma intensidad. Ocasiones identificadas como la última oportunidad. Cuando he concedido el significado de mi existencia al resultado. Igor concluye con una frase que me descoloca y me hace reparar una vez más en su grandeza:

—Ese día perdí en lo deportivo, pero senté las bases para mejorar en lo personal.

Reflexiono sobre aquellos minutos tan intensos de contrarreloj. Se fue adaptando a una situación que de partida no había enfocado de la forma correcta. Aceptó la realidad, superó la frustración y corrigió a medida que se sucedían los kilómetros.

La experiencia me llega. Empatizo con lo que Igor podría sentir cuando recibía los tiempos que su director le trasladaba a través del pinganillo. Datos equivalentes a los que recibo en la empresa cuando las cosas no van como he planificado; caídas en la facturación, en la productividad, resultados negativos, en definitiva: ¡cuánto cuesta aceptar esa realidad antes de reaccionar! La experiencia de Igor coincide en muchas ocasiones con mi vida laboral como directivo.

Mi último pensamiento sobre la experiencia del Tiemblo me deja por un momento ensimismado, Igor me devuelve al momento:

—*¿Qué, seguimos?*

Me quedo mirándole. Antes de contestar, me asalta la siguiente pregunta. Dudo si hacerla en ese momento o guardarla para luego. Decido esperar:

—*¡Venga, vamos! Pero recuérdame que te pregunte algo en cuanto reiniciemos la marcha.* —A lo que Igor responde:

—*Sí, por supuesto. Además, lo que nos viene ahora es bastante fácil, así que podremos charlar con tranquilidad.*

Iniciamos la marcha, noto las piernas un poco cansadas. Sé que son solo unos minutos hasta que el cuerpo se adapte. Vuelvo a mi pregunta:

—*¿Cuándo crees que realmente pusiste en práctica todo lo aprendido en esa contrarreloj del Tiemblo?*

Igor resopla. Me responde trasladándome a un momento crucial en su vida: el Tour de Francia de 2002, cuando lució el maillot amarillo durante siete días. Uno de esos días vivió una experiencia que dará respuesta a mi pregunta. Contrarreloj individual. Armstrong al acecho, quince segundos que mantener:

—Afronté la contrarreloj con decisión. Intenté recordar las lecciones de cuando me bloqueé en el Tiemblo.

Asimilo el momento, me llega como un éxito absoluto. Sin embargo, noto que algo no permite al maillot amarillo de 2002 contarme esa experiencia como el gran éxito que supuso. Me pregunto el motivo. La respuesta de Igor no se hace esperar:

—*Aquel día Manolo tomó una decisión que me supuso mucho desgaste emocional.*

Escucho atentamente la experiencia completa de aquella contrarreloj. Transitamos por una carretera llana y protegida por árboles, lo que facilita mi escucha. Igor menciona los nombres de los mismos protagonistas del pódium frustrado de la Midi Libre del 2002. La experiencia me llega con mucha aceptación, con mucha perspectiva y respeto por su parte. El mismo respeto que manifiesta Igor como valor central de su principio familiar. En todo momento, en este trayecto, he compartido con Igor ese principio. Le veo como una persona con unos principios familiares y de amistad muy marcados, de lo que deduzco que valora mucho el respeto, la generosidad y la igualdad. Igualdad que echó de menos en las decisiones de su director en ese Tour del 2002. Igor sigue hablando sobre aquellos días de competición:

—No disponía de herramientas para gestionar esas situaciones. Un día después todo se solucionó con un abrazo, pero la tirantez se siguió acumulando ante nuevas circunstancias, y eso limitaba mi capacidad de concentración.

A continuación guardamos un breve silencio, pero no puedo dejar de pensar en esos valores: respeto, generosidad e igualdad.

La conversación sigue de forma distendida. Me cuenta anécdotas de los tiempos en los que era director del Euskaltel que me recuerdan muchas circunstancias vividas en la dirección de la empresa.

Hablamos de un momento crucial en la vida de todo deportista profesional: el momento de la retirada. Los fuertes principios familiares y de amistad vuelven a aparecer.

Esto nos lleva hablar sobre la importancia de la familia. Coincidimos en el amor y respeto a nuestras mujeres, pilares básicos de nuestras vidas, así como en los valores con los que educamos a nuestras hijas. Le manifiesto mi admiración por el grupo de amigos que ha conseguido mantener a lo largo de su vida. Principios y valores que me resultan cercanos, lo que me lleva a recordar la afirmación de Ray Dalio en su libro *Principios*: «*Cuando entables relaciones con los demás, tus principios y los suyos determinarán vuestra manera de interaccionar. Aquellos que compartan valores y principios se llevarán bien...*».

Afrontamos la última recta antes de llegar al final de nuestro trayecto; el pedaleo es fácil. Me siento pleno. Un recorrido motivador, inspirador y revelador. Pero antes de llegar quiero formular la última pregunta:

—Igor, en la dirección de empresas vives circunstancias en el que la política toma una relevancia excesiva. Momentos en los que el engaño, el egoísmo y la manipulación pueden aflorar. ¿Cómo los manejaste en los momentos difíciles de la dirección del Euskaltel-Euskadi?

Su explicación me resulta familiar, empatizo con ella y a su vez me descubre herramientas sobre cómo afrontar estas circunstancias en mi trabajo. Siento que Igor ha reflexionado mucho sobre ello.

Llegamos al punto final de nuestro recorrido. Nos despedimos con un fuerte abrazo. Me lleva a recordar el abrazo al aficionado de Orihuela que le prestó la bici a Igor. Entonces pensé en la generosidad de ambos, uno por prestar su bici y el otro por agradecerlo con un gesto cálido y cercano siendo la persona más famosa del momento. Ahora entiendo que la generosidad de Igor va mucho más allá de dar; va de compromiso. Compromiso sobre todo con su familia y con sus amigos, pero también con las personas con las que interacciona en su día a día.

Mientras nos abrazamos le manifiesto mi agradecimiento:

—Gracias por compartir conmigo este trayecto inolvidable.

Ya de camino a casa, reflexiono sobre lo vivido: esto se lo tengo que contar a otros, yo también quiero ser generoso. Si escribiese el prólogo del libro de Igor me gustaría recomendar a quien lo fuese a leer: *Pasa páginas, pedalea, fluye... es lo mismo. Vive las experiencias de un gran campeón, de una gran persona, de quien desde pequeño soñó con llegar a lo más alto del ciclismo y lo consiguió siendo fiel a sus principios.*

RAMIRO BENGOCHEA
Directivo y autor del libro *¿Cooperamos?*

I. El legado

Las promesas y el atrevimiento deben estar acompañadas de un firme sendero de realidad.

—¡Z*orionak*, Igor!

—¡Gracias, *aita*! ¡Hoy sí! ¡Me prometiste que cuando cumpliera seis años podría salir de la plazuela! ¡*Aita*, me lo prometiste!

Así amaneció el día de mi sexto cumpleaños. Desde los tres años daba vueltas con mi bicicleta al espacio —yo lo denominaba plazuela— circunscrito por una valla que rodeaba la casa, soñando en el día en el que, al igual que a mi hermano Álvaro, que tenía tres años más que yo, me dejarían disfrutar de la libertad. Sentía aquella limitación como un encarcelamiento, aunque el encierro lo experimentaba más bien mi bicicleta, ya que yo sí podía salir. Con seis años, todo hay que decirlo, no me alejaba. Precisaba sentir cerca a mis padres; dentro un radio de acción limitado podían rescatarme.

Sin embargo no me consentían distanciarme con mi bici. El exiguo circuito me hastiaba. Mis primos y hermanos volaban. A mí me cerraban el portón:

—¡Tú, no! —me silabeaban, como si fuese un perrillo que pudiera escaparse.

Mi objetivo era dar vueltas por el pueblo y pedalear incansable. Disfrutábamos en un pueblo llamado Larrea, a veinticinco kilómetros de Vitoria-Gasteiz. Es una zona de pastoreo, agricultura y naturaleza, mucha naturaleza.

En esa casa de veraneo y fines de semana transcurrió mi infancia y parte de la adolescencia. El velocípedo era lo más valioso que teníamos cada chico del pueblo. Advertíamos algo comparable a cuando apruebas el carnet de conducir, dispones de un coche y no paras de moverte de un lado a otro con el flamante automóvil. Necesitas ascender a un puerto que siempre has anhelado ascender al volante o acudir al pantano que tantas veces has visitado con tus padres pero nunca solo. De repente ansías dar una vuelta como si fuera la primera vez, porque conduces tú.

Mi pretendido regalo de seis años era traspasar esa puerta y clamar: «¡Soy libre!».

Ahora, con perspectiva, entiendo a mi *aita*. A los cinco años me dijo que podría salir a los seis... y seguramente a los cuatro que podría a los cinco. Era una manera de retrasar una decisión que no iba a tomar hasta que no me juzgase competente. Competente ¿para qué? Para conocer lo que me iba a encontrar: coches, motos, tractores, todoterrenos... Un sinfín de peligros para los que debía prepararme. Me hallaba en la primera fase para conseguir cualquier objetivo: la del sueño. Fantaseaba con abrirme al mundo, con rodar hasta el infinito. Ambicionaba sentirme como esos halcones que vuelan sin limitaciones. Había veces que tenía la sensación de que me venían a buscar, de que me convocaban: «¡Ven!».

Quería acompañarlos.

Mi fantasía pergeñaba lo que iba a hacer cuando me dejasen. No era consciente de los contratiempos que podían surgir al traspasar esa barrera. Para eso estaba mi *aita,* en aquel momento mi *coach.* Él se encargaba de incrustar realidad, aplicándome un protocolo de actuación que debería cumplir el día que diese su conformidad para que desembarcase en territorio hostil.

Pasaron dos años más antes de abandonar aquella plazuela. ¡Qué gran día! ¡Qué sensación! No se me borra la emoción. Salí como el cachorro que lleva atado todo el día y lo sueltas en un prado. No paraba de pedalear. Era como si no me cansase. Eso sí, no sin antes escuchar a mi padre recitarme las normas, un detallado protocolo en el que mi madre también participó: «Cuidado con los coches, no vayas por la carretera, solo de aquí al río...».

Una letanía de limitaciones, reglas, consejos. Sin saberlo me proporcionaban la mayor libertad, la de vivir con sentido común. Cuando afrontas situaciones nuevas y te niegas de manera pertinaz a aceptar la realidad, los peligros que acechan pueden ser catastróficos. Mi *aita* no lo iba permitir.

Recuerdo el viento en la cara. El aire era limpio, me entraba en los pulmones como recién sacado de la máquina que pensaba en aquellos momentos tenían esos montes que rodeaban Larrea. ¡Nunca había pedaleado en una recta! Fue maravilloso.

Empezó a rodar mi cuentakilómetros interno. Aquel inicial recorrido me lanzaría a lo que luego fui, el primer paso en mi sendero al éxito como ciclista profesional, que en aquel momento ni conjeturaba.

Poco a poco fui obteniendo más derechos, hasta moverme por el pueblo sin cortapisas. Iba con mis amigos Hilario, Josemi, Rubén... Siempre haciendo carreras. Cada uno nos poníamos nombre de un ciclista. Yo, el de Juan Fernández, gran deportista alavés de aquellos tiempos. Las grandes carreras, el Tour, la Vuelta o el Giro, o las grandes clásicas, se disputaban en aquellas competiciones entre nosotros, emulando a los grandes de aquellos tiempos: Marino Lejarreta, Lucho Herrera, Perico Delgado, Stephen Roche...

Un 3 de enero, en plena Navidad, cumpleaños de mi hermano Álvaro, llegué a casa a media tarde y lo vi con una bicicleta de carreras. Una ZEUS 2000, de color rojo. ¡Era de competición! ¿Quién la habría traído? No dejaba de contemplarla. Acerqué mi cadera al sillín para medir la altura. Me ponía de puntillas…, pero ni por esas. Incluso a mi hermano, que era más alto, le quedaba grande. No llegaba solo. ¡Ropa de ciclismo! Un maillot y un culote del Irunés, un club ciclista de Irún. Se la regaló mi tío Iñaki, que había hecho sus pinitos como cicloturista. Su vida profesional en la hostelería no le permitía rodar tanto como le gustaría. Era una preciosidad. Ese regalo puso los railes del tren que iba a acompañar a mis *aitas* toda una vida: el de las competiciones de bicicleta. Iban a seguir a sus hijos por el mundo.

Compartíamos la casa de Larrea con mis tíos Jacinto y Araceli, y con mis primos Iñigo, Raquel y Adolfo. Mi tío Jacinto era muy aficionado al ciclismo. Siempre nos animaba a que también lo fuésemos nosotros. Tenía buenos amigos, en especial ciclistas profesionales y auxiliares del antiguo KAS, equipo de grandes éxitos. Muchos venían a merendar. ¡Ciclistas profesionales en nuestra casa! La vida de Jacinto giraba en torno al deporte.

El regalo de mi tío Iñaki y la pasión de mi tío Jacinto provocaron que mis hermanos Ainhoa, Álvaro, mis primos Iñigo, Raquel y Adolfo y yo comenzásemos a rodar por las carreteras de la zona. Mi primera salida fue de unos veinte kilómetros. Le eché un esprint a mi tío Jacinto con tan solo diez años. ¡Le gané! Para mí fue como disputar una etapa del Tour de Francia. Me concentré, calculé la distancia, y salí con todas mis fuerzas. ¡Vencí! Me parecía increíble. Sin duda me dejó ganar con el fin de que regresase más motivado. Cuando llegó a casa le dijo a mi *aita*: «¡Este chaval tiene garra!».

Con esa frase impulsó mi autoestima. Qué importante es la motivación para conseguir tus sueños. Pero no se alcanzan utopías sin sacrificio. En las semanas sucesivas seguí sumando kilómetros en mi particular cuenta.

Cierto día, cuando llevábamos 6 km recorridos, pedí a mi tío regresar a casa. Me sentía cansado y prefería ir con mi bicicleta de paseo a dar una vuelta con mis amigos. Volver no era difícil. Solo había un cruce y seguir recto. Se me hizo largo, no llegaba a la encrucijada. Me puse nervioso y pensé que me había perdido. Arranqué a llorar, hasta que una mujer me indicó. No conté nada. No quería descubrir mi debilidad. Pero estábamos en el pueblo y todo se supo.

No quería que nadie dijese: ¡Igor se ha perdido! Fue un error no sincerarme. Mentí, y eso no lleva a ninguna parte. Tenía que haber sido humilde y confesado mis inseguridades. No volví a repetir esa actitud de esconder mi pequeño fiasco. Es mejor ponerse rojo una vez que muchas colorado. Haber reconocido lo sucedido me hubiera ayudado a ser más modesto. Aprendí. En compañía te sentías con seguridad y control, pero que una vez que te dejaban solo verificabas lo endeble que eras.

Álvaro empezó a competir y se apuntó a una escuela de ciclismo, la de Salvatierra-Agurain. Te enseñan a competir, a experimentar valores y a generar hábitos. Asimilas desde pequeño la disciplina en el entrenamiento, el compromiso, la cercanía de las personas que te acompañan, la capacidad de superarte. Te explicitan la inmolación de compaginar el ciclismo con tus estudios y la de tus padres por seguirte donde compitas. También el trabajo del voluntario, de las personas a las que les apasiona el ciclismo y de forma altruista te acompañan en tu desarrollo. Fortaleces hábitos saludables. Entiendes lo que es la responsabilidad de cuidar el material, la indumentaria. Las escuelas son indispensables en el aprendizaje. Ahí empezó mi hermano. Pronto lo seguí.

Principiaron las victorias de Álvaro. Su nombre comenzaba a resaltar. Cada vez que llegaba a casa, mis *aitas* y él venían satisfechos de la competición, con algún trofeo y ramo de flores debajo del brazo. Lo contemplaba con admiración. Yo me seguía moviendo por el pueblo con mis amigos en competiciones y carreras. Poníamos la salida, pintábamos una meta, y a ver quién era el primero. La bicicleta era una de nuestras principales pasiones y herramienta indispensable para forjar nuestro futuro.

Bajábamos senderos con piedras, sorteábamos arboles a gran velocidad, incluso cruzábamos ríos. Todo sin pensar en el peligro. Éramos felices. Como bien describe Eckhart Tolle en su libro *El poder del ahora*, lo relevante era vivir el momento. No pensábamos en lo que ayer te pudo enfadar, o en lo que mañana podía acaecer y tanto te preocupaba, ya que quizá no sucedería nunca.

Nosotros lo hacíamos de forma inconsciente. No reparábamos ni en el ayer ni en el mañana. Cada momento era único. Así lo he ido aplicando en la vida. Muchas veces cuando me atasco en un problema, cuando me pongo a pensar en cosas que pueden producirse, recuerdo cuando rodaba por el pueblo con mis amigos. Solo existía ese momento, que exprimía como una naranja para sacarle todo el jugo. La bici me introducía en mí, en mi esfuerzo, en mis competiciones, en disfrutar con los colegas. En cómo ganarles, en qué táctica utilizar, en cómo vencerlos. Mañana sería otro día. Así lo he aplicado tanto en el deporte profesional como ahora en la empresa. Valores y hábitos que me siguen acompañando.

Al cumplir once años me planteé competir. Fue como si encendiesen una bombilla y de repente se iluminase la opción de seguir los pasos de mi hermano mayor. El entorno también me impulsaba. Por si fuera poco, Hilario, mi mejor amigo, comenzó a competir en la escuela de Salvatierra. Álvaro ascendió de categoría, cambió de club a la peña ciclista Dulantzi, que tenía equipos en categorías de cadetes y juveniles y se situaba más cerca de Vitoria, donde residíamos de forma habitual. Estaba dirigida por quien en esos años fue una de las personas más importantes en nuestra trayectoria:

Iñaki Sáenz de Eguilaz. Iñaki era joven y soltero. Dedicaba al ciclismo el tiempo que sus tiendas y supermercados le permitían. Era altruista. Siempre estaba dispuesto a ayudarnos. ¡Qué importante es el acompañamiento! Una de sus normas era que los padres debían mantenerse al margen de las decisiones de la escuela. El equipo debía ser independiente de progenitores enfervorecidos que no son imparciales. Fueron años maravillosos. No solo estaba él, también Maturana, Antonio, Javier, el Maño, Mari Carmen, y tantos que nos apoyaron en esos años.

Mi primera competición fue en el circuito de Aranbizcarra, un barrio de Vitoria-Gasteiz. Me enfrentaba a un montón de ciclistas que sabían lo que era competir.

Era un circuito de 1 km, cinco vueltas. Era alevín de segundo año.

Albergaba muchísimas dudas y quería que alguien me las resolviese: ¿Se sale a tope o tranquilo? ¿Se espera a la última vuelta o se ataca desde la primera? Nadie me respondía con claridad. Los más experimentados me miraban de perfil, preguntándose si consideraba que iba a ganar. El único que sabía de lo que era capaz era Hilario. Había que salir y dar tu máximo hasta la meta.

No disponía de maillot. Todos aparecieron bien equipados menos yo, con una camiseta blanca. ¡Me palpitaba el corazón a mil! Con el banderazo me puse a tope sin mirar atrás. Me dolían los brazos y la garganta se me secaba, pero yo pedaleaba. Me coloqué primero. El público me animaba. Mis padres gritaban: «¡Muy bien, Igor!». La última vuelta se me hizo eterna temiendo que en el último momento alguien me superase.

Gané por dos razones claras: por miedo, que en vez de debilitarme me fortaleció, y por el talento. El temor es necesario cuando afrontas un gran reto. El recelo no me bloqueó, sino que me aportó la urgencia de huir hacia delante.

Yo salí a tope. Luego gestioné mi desgaste. Lo conseguí. Me acompañó el talento, que empecé a mostrar ese día a ojos de todos. Fue la antesala de muchas victorias.

Es ineludible pulir la idoneidad. Es la única manera de triunfar en aquello en lo que crees. El miedo te mantiene alerta. Saca lo mejor de ti y contribuye a vigilar cada detalle para culminar la cima.

Mi hermano heredó la bicicleta y el ardor de mis tíos Iñaki y Jacinto. Yo me beneficiaba de las bicicletas que mi hermano iba abandonando con el ascenso de categoría. Anhelaba sus resultados y sentía la necesidad de imitarlo.

Mi vida en el pueblo era fundamental. Siempre quería estar en Larrea. Me sentía feliz, libre, y de forma inconsciente desarrollaba la aptitud que tenía para el ciclismo. No dejaba de rodar, unido a las salidas que realizábamos con la escuela de ciclismo del pueblo de Alegría en la que estaba inscrito.

Con trece años, Hilario y yo acompañábamos a su padre, pastor, a buscar a las ovejas al monte. Se encontraban en la sierra de Elguea, que envolvía al pueblo en un magnífico paisaje. Subíamos a ayudar a reunirlas y trasladarlas a donde el padre de Hilario indicase. Metíamos las bicicletas en el Land Rover para una vez concluido el trabajo bajar los dos a tumba abierta por aquellos senderos de piedras. Hacíamos competiciones. Incluso quitábamos el freno de delante de la bicicleta con el fin de apaciguar el ritmo con el de atrás y evitar emplear los dos frenos y salir despedidos por delante. Descensos de 6 km. ¡Casi nada!

Caídas, muchas. Ninguna grave. Cuántas veces me he acordado bajando los grandes puertos del Tour de Francia, como el Tourmalet, el Glandon, el Galibier, Val Louron... de las travesías con Hilario tras recoger el rebaño.

Los dos fuimos seleccionados por la Selección de Euskadi, y luego por la de España. Hilario era un ciclista brillante. Acopiaba talento, buena planta y brío, que hoy en día mantiene. Su padre, hermano de mi tío Jacinto, también era un gran aficionado. Tanto Hilario como sus dos hermanos, Rubén y Javi, compitieron. Todos de Larrea.

Las victorias llegaban e iba generándose una selección natural. Unos por una cosa, otros por otra, fueron relegando el ciclismo. Hilario y yo seguíamos firmes. Los éxitos nos motivaban.

La categoría de juveniles empezó a ser complicada. Con dieciséis y diecisiete años, la adolescencia llamaba a la puerta. No solo debíamos conjugar el deporte con los estudios, sino con los más tentador: con los amigos y las salidas de tarde y noche del fin de semana. Hilario y yo, inseparables tanto en la bicicleta como fuera de ella, empezamos a frecuentar las discotecas.

El talento, la disciplina, el compromiso iban ascendiendo, pero nuestra mente nos pedía invertir horas en salidas con amigos que no eran deportistas. Fueron años difíciles. La competitividad era mayor, y el entrenamiento también debía serlo. Había que empeñarse más si querías adaptarte a los cambios. Como en la vida, como en la empresa. Hacer lo de siempre es conseguir, como mucho, lo de siempre. Si no te renuevas, si no impulsas tu proactividad, tu empatía, unido a la adaptación al cambio, estás perdido. Las opciones se agotan. Tuve que luchar contra mis sentimientos de mozo.

Tiempos recios. Mis amigos, añejos y nuevos, disfrutaban de una vida de estudio y juventud, mientras que yo añadía el ciclismo a colegio y mocedad. Ellos salían hasta altas horas. Yo no debía. Luchaba entre ser ciclista y mis tendencias. Lo relevante es rodearse de personas que te acompañen en tu objetivo. Que te impulsen y crean en ti, y estén ahí pase lo que pase.

Me aprestaba con mi marcada personalidad a querer tomar mis propias decisiones, no siempre dirigidas al bien común. En ocasiones solo miraba por mí.

En una de esas salidas conocí a Nerea, que me ha marcado personal y deportivamente. Me ha acompañado en todo. Siempre ha sido una sensacional motivadora para mi carrera. Comenzamos con diecisiete años. Llevo con ella una vida de experiencias, alegrías, torpezas de mozos, aciertos, y sobre todo de mucho respeto. Es un lujo contar una mujer con la cabeza bien amueblada: responsable, cauta y enérgica. Genera estabilidad, seguridad y tranquilidad. Volveré a hablar de Nerea, pues su aportación ha sido fundamental.

Cuando sumaba diecisiete años, durante el último periodo de la categoría juvenil se celebraba un domingo un campeonato de Álava. El sábado había quedado con mis amigos. Alegué un dolor en una rodilla para no participar. No era cierto. Sentía una molestia, pero no como para no competir. Me llamó el director, el incombustible Iñaki, y junto a mi padre me obligaron a ir. ¡Cómo lo agradezco!

Ellos tomaron la opción correcta. Si yo no hubiese participado hubiese sido un mal ejemplo. Competir provocó que no saliese con mis amigos la noche anterior. Acudí muy disgustado, pero gané. No siempre las providencias que contrarían son malas. Como explicaba Marco Aurelio, lo que no es bueno para la colmena, no es bueno para la abeja. El director veía claramente que la decisión de no ir yo no iba ser buena para el funcionamiento del equipo ni para mí e iba a generar mal ambiente. Las decisiones bien tomadas, aunque generen inicialmente disgustos y conflictos, siempre conciben buen resultado cuando se adoptan por el bien del grupo.

Mi adolescencia seguía campante. Pasé de ser tranquilo y taciturno a discutir con mi bendita madre todas las mañanas. Sus normas no me gustaban. Quería imponer las mías. Mi *ama* siempre ha sido portentosa. Era indescriptiblemente buena. Ni el mejor de lo actuales directivos de grandes empresas superaría su organización y capacidad de mando. Todo, unido al cariño que nos trasladaba a los tres hermanos. Era, y sigue siendo, una mujer con fuerte carácter, que colisionaba con el mío. Mi padre nunca permitía una falta de respeto en las salidas de tono que yo tendía a tener. En cualquier conversación que mantenía con él, me advertía: «Igor, cuida a tu madre y respétala. Ella es el motor de esta familia y hace muchísimo por nosotros».

El respeto es fundamental en cualquier organización, sea familiar, deportiva o empresarial.

Para las competiciones que comenzaban a las 10 de la mañana, nosotros nos teníamos que levantar a las 6:30 h. Mi madre tenía todo dispuesto: el arroz, el desayuno continental y las tortillas de dos huevos preparadas en el momento. Nunca escuché un ¡buff, otra vez! o ¡la próxima os la hacéis vosotros! Allí estaba ella, como un clavo, al pie del cañón. En mi hogar no teníamos un enunciado familiar, como aconseja Stephen Covey. Sin embargo ella se encargaba de que cada uno de nosotros participásemos de forma activa en todas las labores de la casa.

Me encontraba aún en la fase de la mera ilusión por ser ciclista profesional, por llegar a lo más alto. Todavía no me había planteado ninguna estrategia, ni por supuesto me acompañaba la disciplina al 100 %. Seguía trabajando, pero hacía valer mi talento, que con el esfuerzo justo facilitaba el que alcanzase victorias y que las selecciones provincial, autonómica y nacional contaran conmigo.

Una de las medallas que más ilusión me hizo la recogí en un Mundial en categoría juvenil. Ha sido la única que ha conseguido una Selección española en una disciplina que ya no existe: la contrarreloj por equipos de cuatro ciclistas. Fue en Colorado (EE. UU.). En 1990 nos embarcamos un equipo dirigido por un hombre entusiasta, Fernando Urteaga, seleccionador, con carácter fuerte. La disciplina y el trabajo duro eran sus dos principales premisas. Se sumaron dos circunstancias adversas: el cambio horario y la altitud. Por encima de los 2.000 metros la falta de oxigeno era terrible y necesitábamos adaptarnos.

Fernando basaba el éxito en la bravura y la estricta pauta en horarios de entrenamiento y descanso, que eran aplicados de forma severa en la preparación de aquel Mundial. Fue la primera ocasión en la que incorporé un método tan intenso. Fernando confiaba en nosotros. Estaba seguro de nuestras capacidades y mantenía alerta a los integrantes del equipo, para que cada uno afrontase su cometido con la misma entrega que él. Fue la primera vez que vi de verdad lo que era una norma en todos lo ámbitos para afrontar con posibilidades de éxito un Campeonato del mundo.

Nadie apostaba por nosotros. Las Selecciones favoritas eran Italia, EE. UU., Rusia, Francia... Nosotros no contábamos. Sin embargo, nuestro seleccionador no albergaba dudas. Fue terrible por su temperamento rígido, escrupuloso con el cumplimiento de horarios y entrenamientos.

¡Conseguimos la medalla de bronce! Un hito histórico para una Selección juvenil. Esa prueba refleja uno de los valores de este deporte: el trabajo en equipo. Una norma es que debíamos llegar mínimo tres juntos a la meta. Cuenta el tiempo del tercero. Es quien se marca. Resulta esencial el valor de actuar como uno los cuatro integrantes. Es preciso asumir que tu aportación es clave. Para mí, como en aquel Campeonato del mundo, trabajar en equipo consiste en que al culminar una prueba cada uno sintamos que cada trocito de esa medalla es de cada integrante. No solo ciclistas; también seleccionador, fisiólogo, médico, mecánico, administrativo... ¡de todos!

El proceso al afrontar un Mundial es clave. La carrera se columbra inicialmente. La visualización en la consecución de cualquier objetivo es la primera parte a la hora de afrontar un reto. Una de las cosas importantes que van unidas a esa anticipación son los mensajes que recibíamos del cuerpo técnico, y muy en particular del seleccionador. Mensajes positivos que acrecentaban nuestra autoestima y mejoraban nuestra relación. Luego, una descripción de la estrategia a seguir en la contrarreloj. Cada uno sabía cómo y cuánto debía de aportar.

El valor de la generosidad en este tipo de disciplina es esencial. Cada uno debe ser generoso en su esfuerzo. ¿Se puede medir? ¿Sabemos cómo de generosos debemos ser? He escuchado calificar a determinados deportistas como «generosos». Pero también he oído la frase de «es demasiado generoso en el esfuerzo».

No siempre la palabra generosidad se relaciona con algo positivo. Hay personas que, en su ímpetu por ayudar a su líder, a su equipo, por generar un mejor entorno laboral, se exceden. La entrega en el acompañamiento, en el traslado de esfuerzo, de conocimiento, debe ser en su justa medida en espacio y tiempo para que aporte valor a la organización.

Generar mejores entornos laborales o contribuir al bien del equipo, sentirse útil, puede resultar estresante si el ímpetu es desmedido. Un ejemplo: en una contrarreloj por equipos de setenta kilómetros, como sucedió en Colorado, uno de los ciclistas decidió dar el máximo desde salida, desfondándose en los primeros veinte kilómetros. ¡Todavía quedaban cincuenta kilómetros! Provocar un sobre-esfuerzo, no pudiendo más tarde seguir el ritmo ocasionó un justificado enfado general.

Fernando apuntalaba nuestro esfuerzo, subía nuestra estima y sabía que los cuatro atesorábamos talento, que trabajamos de forma intensa en los quince días anteriores, además de las concentraciones de meses anteriores. Se cumplieron los procesos para alcanzar cualquier objetivo, sea deportivo o profesional: visualización, estrategia y disciplina.

Siguiendo las *Enseñanzas de Roma, escuela de directivos*, del pensador español Javier Fernández Aguado, si buscásemos un paralelismo entre nuestro seleccionador Fernando Urteaga y personajes históricos, diríamos que era una mezcla entre Escipión el Africano, general y político romano, y Aníbal, general y estadista cartaginés. Vivieron en el siglo III a. C. Enemigos irreconciliables, Escipión impulsó una campaña para derrotar al temido Aníbal.

Escipión, con gran visión y motivador de sus tropas, expulsó a Aníbal finalmente de la península itálica. Aníbal fue un gran estratega que basó gran parte de sus victorias en su capacidad de reconocer el territorio y anteponerse a los movimientos de los romanos forzándolos a la guerra que él planificaba. Nuestro seleccionador tenía algo de cada uno de ellos en cuanto a motivación, estrategia y capacidad de alcanzar objetivos, *a priori* inalcanzables.

Conservo con cariño aquella medalla. Me acuerdo de los cuatro que afrontamos la prueba: José Antonio Gil, Victoriano Fernández, Valentín Zubieta, y quien esto escribe. Dos fallecieron en lamentables accidentes años después: José Antonio y Victoriano. Descansen en paz.

Así fue mi fase de formación. El apoyo de mis padres fue esencial. Gracias a su entrega y amor conseguí sortear los obstáculos con éxito. Les estaré eternamente agradecido.

En estos años llegaron las personas que de forma indeleble me han marcado: los amigos de juventud y adolescencia, y muy especialmente mi mujer.

2. La estrategia y sus dificultades

Lo difícil en una estrategia es evitar tomar decisiones desacertadas.

Tras el éxito del Mundial, los mejores equipos ciclistas *amateur* pretendieron nuestros servicios. Me convocó Banesto *amateur*, filial de un equipo profesional donde militaban los mejores ciclistas del momento: Miguel Induráin y Perico Delgado. Era una propuesta difícil de rechazar, pero la decisión fue meditada. No fue el único que me tiró los tejos. Confluía por lo demás la finalización de los estudios de REM, actual bachillerato, unido con la selectividad y el paso a la universidad.

Empezaba la fase de la estrategia, los pasos que te pueden llevar a ser profesional. Diseñé una esencial: compaginar estudios y ciclismo. Siempre he tenido claro que los primeros eran indispensables para mi futuro. El paso a la universidad fue peculiar, dados los estudios que quería cursar. El IVEF (Instituto Vasco de Educación Física) [1] era una carrera universitaria que requería superar exigentes pruebas físicas, aparte de obtener alta puntuación en selectividad.

Debía afrontar los arduos requisitos de habilidad, destreza, coordinación y resistencia. Infravaloré a lo que me enfrentaba. No analicé de forma correcta. Presupuse con

---

1 Hoy «grado en Ciencias de la Actividad Física y del Deporte».

prepotencia que por ser un ciclista con potencial no tendría problemas. También me presenté al INEF de Madrid, por si lo de Vitoria se torcía. Acudí con exigua preparación.

¡Qué equivocado estaba! ¡Vaya desastre! Fracasé primero en Vitoria y después en Madrid. Me presentaba como deportista de élite. Formaba parte de quienes participaban en competiciones internacionales con la Selección de cada disciplina nacional... Quienes llevábamos una aureola de éxito recibíamos la oportunidad de disfrutar de plazas custodiadas para nosotros. Se basaban en la idea de que por ser de élite podías entregarte menos a los estudios y tus notas podían ser más bajas.

Te facilitaban la opción de cambiar las fechas de los exámenes si tenías competiciones. Los demás se habían tomado en serio su apresto y no infravaloraron a sus oponentes. Pasé vergüenza, no por lo que los demás pensaran de mí y de mis pruebas, sino por mi falta de entrenamiento y estudio; por inconsciente y omitir el análisis de aquello a lo que me enfrentaba y por conjeturar que por ser quien era iba a triunfar. Vaya cura de humildad. ¡Gran lección!

Cuando enfrentas un nuevo reto resulta ineludible analizar necesidades, riesgos, entorno, etc. No olvidaré esta experiencia. Aquel fiasco me enseñó mucho, comenzando por no subestimar a otros y no prejuzgar situaciones. Es preciso contrastar, observar la realidad con objetividad y profesionalidad. La ausencia de autocrítica me llevó a empeñarme en una tarea para la que no estaba preparado, por lo que me quedé fuera de ambas universidades. La prepotencia, sea personal u organizativa, conduce al desastre. Aprender de los errores es fundamental para reducirlos en el futuro.

Al no acceder a la carrera que anhelaba estudiar, comencé como ciclista *amateur* sub 23, libre de la exigencia de los estudios. Para que el año no pasase de balde decidí impartir sesiones particulares de matemáticas a jóvenes. Se me daban bien. Había que ganar dinero, no solo para tener la libertad de no estar pidiendo la paga en casa: quería el carnet de conducir.

En el equipo Banesto cobré mi primer salario, de 32.000 pesetas. Dispuse de mi primera cuenta corriente, cartilla, tarjeta de crédito... Podía gestionar en qué quería gastar. Fue un momento de maduración. Mis padres me orientaron. Yo pagué tanto la carrera universitaria como el carnet de conducir. Mis padres dispusieron que cada hijo, en el momento en que empezase a disponer de un salario, afrontase sus gastos. Era un elemento más del aprendizaje. En aquel año, mi hermano Álvaro llevaba tres años en el plan ADO, que apoyaba a los deportistas de élite para llegar de la mejor forma a los Juegos Olímpicos de Barcelona 92. Eso implicaba vivir en Madrid, en la residencia «La Blume». Mi hermana estudiaba Pedagogía en San Sebastián. El único que quedaba en casa era yo. Mi hermana regresaba casi todos los fines de semana y mi hermano cada quince días.

Comencé con clases particulares a dos chicas, que cursaban 8º de la antigua EGB. Nerea y yo éramos novios y compartíamos alumnas, ella con euskera y yo con matemáticas.

A mediados de marzo comencé la temporada como *amateur*. Mi primera competición fue en Villaba, pueblo de Miguel Induráin. Me clasifiqué en tercera posición. ¡Buen inicio! La motivación era total y la disciplina y entrega en el entrenamiento había subido de forma exponencial. Era la antesala.

Pasaron los meses. Aquel año tuve la oportunidad de participar en las mejores competiciones del campo *amateur*. La emulación en Banesto era grande. Los mejores ciclistas militaban en este equipo y todos los años ascendían uno o dos. Deportistas de Aragón, Cantabria, Navarra, Vizcaya, Álava, Andalucía... Entreveíamos el paso a profesionales.

Mi primera carrera importante fue el Premio Iberdrola. Entrar en la alineación no era fácil. Me gané el estar allí aun siendo de primer año. Era una referencia en el calendario nacional. La victoria te convertía en candidato a ser profesional. Compartí habitación la noche anterior a la carrera con el malogrado José María Jiménez, el «Chava» Jiménez, de gran talento. Era uno de los valores de Banesto. Con dos años más que yo, era firme pretendiente para la victoria. Fue mi primera experiencia compitiendo fuera del País Vasco.

¡Vaya noche! Yo estaba nervioso por ser la primera ocasión que pasaba fuera de casa para disputar una competición así. No dormí más de una hora seguida. «Chava» no se metía en la cama. Miraba por la ventana, tranquilo.

—¿No te acuestas, «Chava»? ¿No descansas? ¡Vale, vale, ya me duermo!

Me dijo que me preocupase de lo mío. Él permaneció apoyado en la ventana. A las 4 a.m. desperté. Ya se había acostado.

No recuerdo si el «Chava» se clasificó en primer o segundo lugar. A mí la carrera se me hizo peliagudísima. Un recorrido desconocido por la Castilla-León del vino de toro, del pantano de Ricovayo, del pueblo de Muelas del Pan. Todo cercano a la preciosa ciudad románica de Zamora. Puertos que primero bajaban y luego subían, y que arriba no brindaban descanso. El viento soplaba, siempre de lado, con los consiguientes abanicos y caídas. Derrumbes que me afectaron, sin mayores consecuencias, pero que provocaron mi retirada.

La temporada ciclista siguió sus pasos, principalmente en el País Vasco y Navarra, siendo alineado en las mejores competiciones. Compartí equipo con un ganador del Tour de Francia, Carlos Sastre. Allí estaban también José Luis Arrieta, Chente García, ambos directores del Movistar Team 2021; Santi Blanco, Javier Pascual Rodríguez y Javier Pascual Llorente, el asturiano Chechu Rubiera, que acompañó a Lance Armstrong en las victorias de sus Tours; Óscar López Uriarte, David García, y un largo etcétera.

Seguí impartiendo clases particulares y entrenando. Mi estrategia iba tomando forma. Sin embargo, siempre hay un pero. En el argot ciclista, baches y curvas peligrosas. Aquel año tuve inconvenientes de salud. A partir de mayo mi rendimiento bajó de forma exponencial, con molestias estomacales que provocaron un bajón considerable de mi forma física. Tras meses de médicos y retiradas continuadas, mi moral se resintió. Parecía truncarse mi aspiración a ser ciclista profesional. Decreció mi concentración y mi estrategia se tambaleó.

Ese verano pedí al equipo que me dejasen presentarme por segunda vez al ingreso de licenciatura del IVEF. En vista de mi delicada salud y bajo rendimiento me lo permitieron. Esta vez lo planteé de forma concienzuda. Invertí las horas necesarias y no subestimé a nadie. Me preocupé por saber de qué especialidad era cada deportista que se presentaba a disputar las seis plazas en juego. Analicé cada detalle, me centré, diagnostiqué mis puntos débiles, los trabajé y ¡lo conseguí! En esa ocasión no esperé a que las cosas sucedieran, sino que fui poniendo medios para que las cosas acaecieran. No compartí con ningún otro compañero cómo me había preparado para acceder a la ansiada carrera universitaria. No lo había leído, pero intuí que la discreción es un aspecto importante del verdadero liderazgo, como muchos años después confirmé en el ya citado libro *Roma, escuela de directivos.*

Fui consciente de que si trabajas, si profundizas, contrastas y controlas el entorno, el triunfo llega. Epicteto escribió: «*Considera lo que viene en primer lugar, luego lo que sigue y después actúa*». Examiné mis potencialidades, mis debilidades, en qué podía tener más opciones y quiénes podían amenazar mi entrada ese año a la carrera que tanto ansiaba.

Me incorporé a la universidad. Ese periodo pondría contra las cuerdas mi futuro como ciclista.

Mi salud no mejoraba. Entrenaba tres o cuatro semanas y a la sucesiva enfermaba. Las competiciones no iban bien. Los médicos no acertaban con el diagnóstico. Me integré en la vida universitaria. No avanzaba en el alto rendimiento, pero sí fuera de él. Los estudios se me daban bien; los fracasos deportivos me iban desencantando.

Empecé a disfrutar de las salidas nocturnas de los jueves universitarios. Al principio, atándome en corto, pero cada fin de semana soltaba un poco la cuerda. Fui perdiendo la disciplina. La vida universitaria me servía de escape. Era la pescadilla que se comía la cola.

Mi equipo me llevó a la Clínica Universitaria de Navarra. Acudí con miedo. Entiendo ahora —entonces lo viví sin estar todavía capacitado para conceptualizarlas— las enseñanzas de Aristóteles en *Ética a Nicómaco* (LID, versión de Javier Fernández Aguado, mucho más actualizada y asequible que la de Julián Marías), cuando el sabio griego afirma: «*Nos asustan las realidades temibles y son, en sentido estricto, males. Por eso se define el temor como la espera de un mal. Nos desasosiega todo lo que es malo: la pérdida de la fama, la pobreza, la enfermedad, la carencia de amigos, la muerte... El valiente no lo es ante todas estas realidades. Algunas han de provocar temor y es noble que ocurra. Que no acaeciese así sería vergonzoso: por ejemplo, ante la pérdida de la fama. Quien teme que eso suceda es honrado y decente; quien no, un desvergonzado. Algunos pueden calificarlo equivocadamente, porque, de hecho, algo tiene de valiente, ya que este es el que no teme. Quizá no debe inquietar la pobreza, ni la enfermedad, ni, en términos generales, los males que no proceden de un vicio ni por propia culpa. No es valiente quien no se asusta ante estas cosas (...).*

¿Respecto a qué realidades temibles se es realmente valeroso? ¿Respecto de las más terribles? Nadie, sin duda, soporta mejor que el valiente pruebas tremendas (...). También ante el mar y las enfermedades se comporta impávidamente el valiente, pero no al igual que los marinos (...). Los marinos (...) mantienen la esperanza a causa de su experiencia».

Tras exhaustivos reconocimientos hallaron la causa de mis molestias. Unas lombrices se alojaban en el tracto intestinal. La *Giarda Lamblia* era la causante de mis contrariedades. Había que solicitar una medicación a Estados Unidos. Tardaría cuatro semanas en llegar. Tras meses de bajo rendimiento debía volver a entrenar duro, empezando de un escalón bajo y con la cabeza puesta en otro lugar. Aunque mejoraba mi rendimiento, no acababa de optar en la encrucijada de bicicleta o estudios. Mi relación con mi entonces novia, Nerea, también se tambaleaba. Me cuestioné todo lo que había hecho hasta ese momento. Corría el año 1993.

Mi hermano Álvaro, tras disputar las Olimpiadas de Barcelona 92 y obtener un diploma olímpico, pasó a profesional a mitad de ese mismo año con el equipo profesional Artiach. Sus años en la residencia Blume concluyeron y regresó a casa. Muchas veces salíamos juntos a entrenar. Él observaba mi desánimo, a punto de pronunciar una frase que lo hubiese cambiado todo: dejo la bici.

Él lo intuía. Se aprestó a guiarme para que no me dejase arrastrar por esas reflexiones que me desorientaban del sueño que había proyectado desde niño: ser ciclista profesional.

Una tarde me propuso salir. Normalmente entrenábamos por la mañana. Este día yo había asistido a clase por la mañana y mi hermano había regresado de viaje, por lo que tocaba pedalear a esas horas inusuales. Lo rechacé con un

¡no me apetece! No respondió. Me conocía bien. La habitación en la que dormíamos estaba repleta de baldas con trofeos. Unas mesas corridas pegadas a la pared eran nuestra zona de estudio. Subió al «camarote» (un trastero del que disponía cada vivienda en el último piso), donde guardábamos las bicicletas, y cogió la suya y la mía. Me interpeló:

—¿Me vas a dejar solo ahora que te he bajado la bici?

Todo ello con una sonrisa y con una actitud positiva respecto a mi brutal «¡no me apetece!». Se dio vuelta a la gorra, al estilo Pepe Gotera y Otilio. Insistió:

—¿En serio no vienes?

Me provocó una carcajada. No pude resistirme. Entrené con él.

Desde entonces no me abandonó ni un día, salvo por competiciones. Buscaba mi progresión. El acompañamiento que me dio en esos momentos de crisis fue esencial. Cuando condiciones externas te alejan de tus sueños y dejas de valorar tus talentos y fortalezas, el *coaching* es una poderosa herramienta para volver a establecer esas conexiones internas entre tus obligaciones y lo que da sentido a tu vida. Si hablásemos de empresa, diríamos que son los factores que conectan la misión con la visión. Crisis como la que vivimos actualmente con el COVID pueden arrasarte y descolocarte si nadie te orienta. Los fuertes, los resilientes, los proactivos, quienes cuentan con un acertado apoyo, son capaces de ponerlas a su favor. Se preparan, saliendo de su espacio de control o de su zona de confort, luchando, venciendo y creciendo.

Las carreras iban mejor. Recobré la salud y mi rendimiento subió como la espuma. Volví a ser parte importante dentro del mejor equipo *amateur* del momento. Llegó la oportunidad que lo cambió todo. En julio de 1993 ¡gané la Vuelta a Vizcaya! Era la carrera más prestigiosa del calendario nacional. Me consagré como uno de los ciclistas más jóvenes en vencerla, con tan solo diecinueve años. Cambió mi perspectiva. Ya con salud, me vi capaz de llevar adelante lo soñado. Mi reconocimiento empezó a subir dentro del mundo profesional. Aun así pasaron dos años más hasta ascender.

Tuve que pelear con otros. Participé en los Mundiales con la Selección española y me convertí en especialista en contrarreloj. Una capacidad innata que trabajaba de forma específica. Los medios de comunicación me compararon con Miguel Induráin y Abraham Olano. Los fantasmas de la holganza de las noches universitarias fueron diluyéndose y me apliqué con la intensidad de antaño. Dejé de impartir clases particulares y me centré.

Dominar la Vuelta a Vizcaya y demás contribuyeron a mi madurez. Empecé a enfrentarme a otros de más edad y a ejercer como líder. Cuando destacas se interponen complicaciones. Pueden ser de salud, rendimiento, pero también de personas que quieren conseguir lo mismo. Buscan su oportunidad en el error ajeno. Intentan entorpecer tu senda. Con argot de boxeo: recibes más de un golpe bajo. Supe aguantar con tesón, criterio y decisión. Contrarresté con argumentos. Seguiría mi camino. Me rodeé de un equipo de profesionales y me prometí no dejar de observar mi meta.

Me centré en entrenamiento, con disciplina y responsabilidad. Como escribió Marco Aurelio en *Meditaciones, tu criterio debe partir de dentro hacia fuera. No debes dejarte influenciar por lo que suceda fuera. Crea tu criterio, y con él sigue el camino.*

Cuando planteas una estrategia para conseguir tu objetivo, hay que saber que lo más difícil es no tomar decisiones desacertadas. En este proceso son precisas personas que te aporten herramientas para mejorar en aspectos físicos, sicológicos, de elección de equipo, etc. Y que te proporcionen apoyo y estabilidad de forma incondicional en el resto de áreas: mis *aitas*, mis hermanos, Nerea y mis amigos de antaño. El entorno es esencial. Los padres nos preocupamos de las compañías de nuestros hijos. Los míos no fueron una excepción. Son importantísimas y marcan el futuro. Una mala amistad puede entorpecer gravemente.

Mis relaciones han sido fundamentales en mi vida. Mis amigos fueron ejemplo de la importancia de las compañías en los locos años de adolescencia, en este caso desde una perspectiva muy positiva. Juan Ignacio me acompañaba a todas las competiciones. No falló un fin de semana. Escuchó mis preocupaciones y me apoyó en derrotas y éxitos. Como una vez me comentó Javier Fernández Aguado, referencia contemporánea en *management*: *a los amigos, cuando las cosas les van mal hay que acudir; y cuando les va bien, hay que esperar que ellos te llamen*. Así han sido y son mis amigos: incombustibles. César, que en aquel entonces estudiaba la carrera militar, venía siempre que los estudios en la academia de Lérida se lo permitían. Todavía algunos excompañeros ciclistas me preguntan por ellos. También estaban allí Javier, Juan Carlos y Arturo. Todos inseparables: César desde la infancia y Juan Carlos, Javi y Juan Ignacio desde la adolescencia.

En septiembre de 1994, concentrado en Sierra Nevada con la Selección de España, recibí una llamada de Miguel Madariaga, presidente en aquel entonces del equipo profesional Euskadi, nacido en 1994, que quería emular al Athletic de Bilbao, que por su filosofía de solo nutrirse de futbolistas vascos desarrollados en su cantera de Lezama le hace ser único a nivel mundial. Los sigue una afición comprometida con el proyecto, con el cual se identifican. El equipo ciclista Euskadi arrancó en 1994 y se conformó con ciclistas vascos o que desarrollasen su formación en las competiciones vascas. A la postre, el equipo Euskadi —posteriormente denominado Euskaltel-Euskadi— llegaría a ser referente a nivel internacional con una afición que lo seguiría por todas la carreteras del mundo, siendo mayor su visibilidad en el Tour de Francia con la llamada «marera naranja»: miles de personas vestidas de ese color esperaban en los puertos míticos del Tour de Francia. En el País Vasco, el ciclismo es un deporte que va en el ADN.

En Banesto querían contar conmigo, pero había tantas presiones externas que no esperé a su decisión y firmé con el Euskadi. Por fin era profesional, con veintiún años. Banesto me trasladó su malestar por no esperar, pero sigo considerando que la llamada de Eusebio Unzúe, actual CEO del equipo ciclista Movistar, fue formal más que de real interés por incorporarme. Él disponía de tantos ciclistas con aptitudes que no podía pasar a todos a profesionales.

Mi traslado al equipo Euskadi coincidió con la llegada de mi hermano Álvaro, que llevaba dos años en profesionales. Por fin corríamos juntos, y ya no nos separaríamos hasta la conclusión de nuestra carrera profesional como ciclistas.

Ahí comenzó mi siguiente paso tras culminar la primera fase de mi estrategia con éxito. Llegaba el momento de la disciplina. El sendero que emprendía era arduo. Había que seguir creciendo. Muchos hablan de la dificultad de llegar, pero para mí, una vez alcanzado, lo más difícil es mantenerse en un entorno exigente y hostil. Resulta imprescindible perfilar una nueva hoja de ruta. La disciplina cobra un valor aún más esencial.

Al final de este proceso tuve la necesidad de descansar y reflexionar sobre mis fortalezas, tanto las recién adquiridas al luchar contra la crisis vivida como las anteriores, las que había experimentado de más joven. Debía reorientarlas juntas hacia mis sueños, mi visión, hacia lo que genera sentido a nuestra vida.

3. La disciplina

En muchas ocasiones somos el mayor obstáculo para alcanzar nuestras metas. La disciplina es elegante, suave, tranquilizadora y muy rentable.

Mi ascenso implicó tomar decisiones. Hasta ese momento intentaba llevar adelante, compatibilizándolos, estudios, amistades y ciclismo. Llegar a profesional suponía competir en las mejores carreras y asumir responsabilidades. Había conseguido culminar una estrategia que se fraguó desde pequeño con un sueño, una visión a largo plazo: llegar a ser ciclista profesional. Trabajé el talento que atesoraba. Las victorias y pertenecer a la Selección española desde categorías inferiores eran parte de mis objetivos. Año tras año debía evolucionar y, aunque la adolescencia no me lo puso fácil, avancé. Tomé decisiones acertadas, como pertenecer al mejor equipo *amateur* y seguir aprendiendo sin dejar de ser competitivo.

En todo este proceso no había más secreto que trabajo duro, disciplina y constancia. Perseveré en mis puntos fuertes. Y tuve esa pequeña suerte que todos necesitamos para que haya los menos contratiempos posibles, apoyada sobre mi mayor fortaleza: creer en mí mismo. Probablemente, lo más difícil en el camino de toma de decisiones para diseñar una buena estrategia es identificar qué es lo que no debes hacer. Comenzaba una andadura particularmente motivante. Vivía un momento fantástico.

Mi primera decisión fue abandonar, al menos en parte, la universidad. Me encontraba en tercero de carrera. Los dos primeros años, mientras era *amateur*, se me habían dado bien. Me gustaba lo que estudiaba y el ambiente académico era sensacional, pero compaginar ambas cosas resultaba arduo. IVEF es una carrera con muchas prácticas. Estudias y experimentas deportes: remo, fútbol, natación, baloncesto, voleibol... La mayoría de impacto, y eso iba en demérito de los entrenamientos y competiciones a los que me iba a enfrentar.

Me propuse sacar dos o tres asignaturas. No era fácil, pero fui constante gracias tanto al apoyo de Nerea, que insistía en que concluyese el grado, como al de mis amigos y padres. Algún año no aprobé ninguna materia, pero no me rendí. Acerté. Hoy en día mi licenciatura, conseguida con constancia, tenacidad y responsabilidad, me proporciona una formación valiosa para afrontar nuevos desafíos. ¡Nunca se debe abandonar la formación! Personalmente me ha abierto muchas puertas, tanto a nivel deportivo como empresarial. Erasmo de Rotterdam resumió con acierto que es igual dónde y con qué títulos nazcas, porque lo que quieres ser depende de ti. ¡No hay que dejar nunca de formarse!

Junto a los estudios me centré en llegar a ser líder del Tour de Francia. Comenzaba mi primera temporada. Era 1995. Tuvo lugar la entrañable presentación en el santuario de Aránzazu, en Oñate (Guipúzcoa). Allí contemplé por primera vez en directo esa imagen de la Virgen. Los ciclistas siempre hemos estado muy unidos a la devoción a la Virgen de Aránzazu. Buscábamos su protección: no caer y que la salud y las circunstancias nos acompañasen. Teníamos muchos kilómetros por delante, más de 20.000 al año. Yo siempre he creído en la protección de la Madre de Dios, en especial en su advocación de la Virgen de Dorleta, situada en el alto de Arlaban (Álava). La visito anualmente para agradecerle su apoyo, también después de retirarme. La llamamos la Virgen de los ciclistas. Siempre la he sentido cerca; considero que me ha acompañado para que mi vida no se viese truncada por un fatal accidente o por problemas que me impidiesen rendir. Ese año, en Aránzazu comenzaba una arrebatadora etapa, sin conocer en detalle con qué me iba a enfrentar. El primer paso era adaptarse. Al principio piensas que entrenar es suficiente, pero hay más factores. No basta con amoldarse; hay que progresar ajustando los objetivos. Daniel Goleman, psicólogo, periodista y escritor estadounidense, lo denomina práctica consciente: las normas que gobiernan el mundo laboral están cambiando. En la actualidad no solo se nos juzga por lo más o menos inteligentes que podamos ser ni por nuestra formación o experiencia, sino también por el modo en que nos relacionamos con nosotros mismos o con los demás.

Esta es en muchas ocasiones la gran diferencia de un deportista o un directivo de otros profesionales que se dedican a lo mismo.

Busqué personas que me aconsejaran, tanto a nivel físico como intelectual y personal. El equipo tenía asesores, pero resultaba difícil que pudiesen atenderte con la carga de trabajo que afrontaban. Se centraban casi en exclusiva en las competiciones. El equipo disponía de un presupuesto ajustado y no contábamos con los medios necesarios para que nos atendiesen en la disciplina diaria. Busqué a quienes me acompañasen en los entrenamientos y la fisiología. Mi salario era exiguo, aun siendo profesional. Al cambio, 650 € mensuales. Encontré a pesar de todo a quienes me ayudaron. Era mi primera experiencia de un equipo que me apoyase. Hallar a profesionales con experiencia era fundamental. Necesitaba personas exigentes que me orientasen para mejorar año a año.

Los salarios de los ciclistas han mejorado, pero no lo suficiente. La carrera profesional es corta. Hay muchos que ganan actualmente 30.000€ brutos anuales compitiendo en las mejores carreras. Para quienes comienzan puede ser atractivo suponiendo que es la antesala de su crecimiento deportivo y salarial. La realidad es dura. En los medios solo salen los ciclistas reconocidos con salarios millonarios. Pocos juegan en esa liga.

Algunos directivos en el ciclismo, y en otros ámbitos, permanecen anclados en el pasado. Creen liderar de forma brillante lo económico, porque consideran equivocadamente que los integrantes de su empresa, ciclistas en este caso, solo con tener la oportunidad de ser profesionales deben estar agradecidos. Frente al cuarto hábito de Stephen Covey, chapotean en una negociación de ganar-perder. Gana el dirigente, pero pierden los ciclistas, técnicos y auxiliares. Y aparece en ocasiones la arrogancia del directivo, que cuando los objetivos no se alcanzan arremete contra los demás sin ser consciente de que con frecuencia el culpable es él, por su forma obtusa de gestionar.

Hay directivos que basan su gestión en cubrir sus necesidades económicas o de reconocimiento. Esto condiciona el futuro de cualquier organización al entrar en juego un sistema de normas y procedimientos únicamente en beneficio del que los instaura.

Comenzó mi primer año. Me lo tomé como aprendizaje. Vivía codo con codo con los grandes que hasta entonces admiraba por la televisión: Miguel Induráin, Tony Rominger, Claudio Chiapucci, Marco Pantani y otros. En aquella época me caracterizaba por las fugas largas. Siempre atacaba de lejos, buscando sorprender al pelotón. Era un ciclista de envergadura, con más de 79 kilos. En las subidas sufría por exceso de peso.

Mi forma de correr incitaba a que siempre se hablase de mí. Nunca conseguí la victoria compitiendo de esta manera, pero mostraba mi actitud y eso gustaba. Como escribió Stephen Covey, me centraba en mi círculo de influencia, donde podía tener más impacto y relevancia. Manifestaba mis fortalezas como ciclista: rodador y de fuerza. Algunos calificaron mi corpulencia no como amenaza, sino como oportunidad.

La actitud que reflejaba, unida al talento que atesoraba en categorías inferiores, cuidando los detalles del peso y un seguimiento personalizado, acopiaban un margen importante de mejora. Y eso lo percibían los grandes equipos. La clave de mi primer año fue la actitud. Ese periodo culminó con una gran actuación en el Tour de Francia de los jóvenes, el Tour del porvenir. Llegué quinto en la general. Se hacían patentes mis credenciales.

Me propusieron renovar mi contrato por un trienio. Mejoraban mi salario y mi posición. Querían tenerme atado antes de que un equipo con más presupuesto viniese a por mí. Yo lo viví como una oportunidad. Con una mejor retribución seguiría aprendiendo: mejor cabeza de ratón que cola de león. Necesitaba experimentar antes de llegar a un proyecto más ambicioso, donde el calendario, la exigencia y presión serían superiores.

Al año siguiente, el equipo acumuló obstáculos económicos y los salarios se desembolsaban tarde. Yo seguía con mi táctica: ser protagonista, atacar en donde podía brillar y buscar la victoria de lejos. Empecé a rodearme de personas que contaban con experiencia. Iba identificando a quienes en el futuro iban a marcar mi desarrollo. También recibí lecciones y consejos de ilustres del pelotón.

Recuerdo que en la Vuelta al País Vasco se encontraban los mejores a nivel internacional. En la primera etapa me infiltré en una escapada que llegaría hasta meta, precisamente en mi ciudad natal, Vitoria-Gasteiz. Iba con dos italianos y un francés. El galo era Gilbert Duclos-Lassalle, especialista en clásicas de la Copa del Mundo y ganador en dos ocasiones consecutivas de la Paris-Roubaix, catalogada como el infierno del norte. En aquel momento yo tenía veintiún años y él cuarenta. Sería su última temporada. Diecinueve años de diferencia marcarían el desenlace de la etapa. Los dos italianos eran mejores escaladores, nosotros percherones y pesados. Gilbert y yo nos aliamos con el fin de llegar a meta y jugárnosla al esprint. Me precipité y el viejo Gilbert me superó casi en la meta. No me importó quedar segundo; era un resultado inesperado y fui felicitado por todo el mundo. Me sabía a victoria; fui aclamado por los medios y la afición. Un gran día.

Esa noche no pude descansar bien por la tensión acumulada. Estaba segundo en la general y si aguantaba bien la siguiente etapa me podía poner líder, a poco que Gilbert fallase. ¡Podía ser mi día! Cuando me dirigía hacia la salida, donde todo el mundo quería hacerse una foto conmigo y recibía numerosas palmaditas en la espalda, un ciclista me observaba con cara seria. Era Laudelino Cubino, uno de los mejores escaladores, ganador de grandes etapas en el Giro de Italia, el Tour o la Vuelta.

Cuando pasé cerca del él, me espetó:

—¡Chaval! ¿Estás contento?

Yo le contesté que sí. Él sonrió con sorna:

—Mira, Igor, te vas a acordar toda la vida de esta etapa. La de ayer la perdiste por falta de experiencia. No debes mostrar estar contento, aunque no te esperases ese resultado. Debes estar enfadado, ser exigente y mostrarte inconformista. Era una gran oportunidad para tu futuro. ¡Aprieta Igor, aprieta! En el momento en que dejes de exigirte, dejarás de mejorar. Has sido segundo, el primer perdedor.

Fue el único que no me agasajó. Agradezco enormemente aquel consejo. Me hizo reflexionar. Finalmente, la etapa se hizo durísima y tanto el viejo Gilbert como yo llegamos a más de diez minutos del primero.

En mi segundo año participé en mi primera Vuelta a España. Se multiplicaron los rumores de disolución del equipo. Opté por ser protagonista desde el primer día. Con la emoción de participar en mi primera gran Vuelta, empecé a plantear la estrategia de mi ataque. No había día que no saliese a entrenar y no visualizase cómo lo iba a hacer. No iba ser el único.

Qué importante es anticipar amenazas a cualquier objetivo que anheles culminar. Yo columbraba y analizaba cada paso. Cómo me colocaba en la salida, dónde rodaba en el pelotón, en qué circunstancias acometía... Fantaseaba con que ganaba, que la gente me aplaudía y que era la sorpresa del primer día. Colisioné con la realidad. Un pelotón ambicioso no iba a permitírmelo. Pero conseguí que se hablase de mi gesta. También aproveché para pedir ayuda para el equipo. Teníamos problemas económicos y nuestro futuro personal y grupal se tambaleaba. Fue una Vuelta llena de aprendizajes, de experiencias.

No olvidaré la inesperada retirada de Miguel Induráin. Era 1996. Estábamos por Asturias. Culminado el puerto del Fito, de grandes rampas y curvas de herradura, el pelotón se partió. Yo me quedé atrás. En ese grupo también pedaleaba Miguel Induráin, mi ídolo. Era una persona cercana, humilde y respetuosa con todos. Habíamos padecido el Mediterráneo y la costa azul con una terrible gota fría. La lluvia casi sin interrupción había dañado las piernas y dificultado la recuperación. Luego subimos al norte. El frío de septiembre comenzaba a asomar. Y allí se bajó Miguel. Yo iba a su lado. Su retirada fue rápida, fugaz, inesperada. Yo la contemplé a cámara lenta, como si se detuviese el tiempo. Abandonó cuando pasábamos por Cangas de Onís, donde tenía el hotel el equipo Banesto. Fui testigo de sus postreras agónicas pedaladas.

Concluí mi primera Vuelta a duras penas. Sufrí en la montaña. Tenía mucho que aprender. La última etapa la culminé tras una caída bajando el puerto de la Morcuera, en la sierra madrileña. Mi rodilla quedó dañada y ensangrentada, pero concluí. Se necesita esfuerzo y sacrificio y, cuando peor estás, más brío e inmolación.

Al llegar a casa recibimos la noticia de que el equipo iba a contar con un nuevo patrocinador. Seríamos el equipo Euskaltel-Euskadi. Eso generó tranquilidad y seguridad.

Ese invierno contraté los servicios de un fisiólogo y de un entrenador. Dos personas exigentes que en mi tercer año como profesional empezaron a filtrarme secretos para llegar más lejos. Me instruyeron para que cuidara detalles. Estaba dispuesto a trabajar duro, pero no tanto en lo que se refería al régimen alimentario. Comía lo que quería y cuanto me apetecía. Ese hábito es el primero que quisieron modificar. Ricardo Yepes, en *Fundamentos de la antropología*, asevera que los hábitos no son una tendencia natural sino adquirida y que perfeccionan al propio hombre. Se refiere al buen hábito, a la virtud. En mi caso, la alimentación era un mal hábito, un vicio. No fue un proceso andadero. Era un ciclista de excesivo apetito.

Perfilaron mis rutinas de descanso y entrenamiento. Empecé a captar lo que suponía pretender el pódium de un Tour. El fisiólogo y el preparador en ocasiones me echaban de la consulta si no cumplía con sus directrices, si no llegaba en el límite marcado. Querían que trabajase como un profesional y no iban a permitir que, aun siendo contratados, hiciese lo que en cada momento me viniera en gana.

Era un proceso de adaptación sin excesivas explicaciones. Diríamos, al estilo soviético. No entendía sus criterios.

Aprendí, pero no de la mejor forma. Ante un cambio hay que revelar el porqué y el cómo. Y eso no me lo explicaron.

Sigo sin compartir esa forma de mejorar a un deportista o a las personas de una organización. Cualquier objetivo debe ser entendido. La comunicación de la dirección con las personas que deben de llevarlo a cabo ha de ser fluida. Fijar un objetivo común conlleva que sea captado y aceptado por todos. Así se genera un sistema de confianza que impulsa. Funcionar por mero mandato no opera en el medio plazo. Yo lo soporté y mejoré, pero otros no sobrellevaron esa presión.

Vi todo aquello reflejado de algún modo, en esa ocasión de forma sangrienta, en el libro *Cruzada en Europa*, cuando Eisenhower se reúne con Zhúkov, general en jefe del Ejército soviético, mano derecha de Stalin, y le interroga sobre cómo avanzar sobre terrenos plagados de minas.

–Yo, cuando llego a un campo minado –le respondió Zhukov–, pongo un triple frente de infantería; corren, vuelven los que queden; recompongo el frente, vuelven otra vez, y vuelven los que queden; y ya pasa el resto.

Eisenhower clamó:

–¡Pero muere mucha gente!

Concluyó Zhúkov:

–¡Me da igual, tengo más!

Comencé mi tercer año de profesional. Mi figura se había estilizado. Pesaba cuatro kilos menos. Empecé a pasar la montaña con más facilidad. Mis resultados y posición mejoraban. Con alta motivación, consolidé la buena alimentación.

Ese año llegó mi primera victoria en una Vuelta en Portugal. El *Journal de Noticias* tituló: «*Galdeano, gaino um ..jesuita... en la etapa mais dura*».

Allí entré con los brazos en cruz. Victoria soñada, plenitud de satisfacción por la recompensa al buen trabajo.

Los grandes equipos recomenzaron a indagar por mí. Se multiplicaban voces que anunciaban su interés. Corrí mi segunda Vuelta a España y empecé a ser la revelación. Buscaba más presencia. Me veía con opciones de puestos destacados e incluso de ganar. En la subida a Sierra Nevada, fin de la etapa, llegué entre los veinte primeros. Algo impensable hasta entonces. Afronté mi último año de contrato. Debía incrementar mi rendimiento y resultados.

En febrero se puso en contacto conmigo el equipo Seguros Vitalicio, que participaba en la Vuelta España, en el Giro y en el Tour. Javier Mínguez, hombre que atesoraba experiencia nacional e internacional, era el director. Lo definían como disciplinado y exigente. El equipo en el que me encontraba también realizó una oferta atractiva. Ya disponía de dos encima de la mesa. Estaba confuso. ¿Debía quedarme en el equipo en el que estaba y ser cabeza de ratón, o ir a un equipo más grande y ser cola de león?

Estaba en pleno despegue. Comenzaron las victorias en mi especialidad, la contrarreloj. Era tenido en cuenta. En agosto llegó el ultimátum del Euskaltel-Euskadi. ¿Dejaría el equipo que me había dado la opción, donde había aprendido a competir y había crecido? La alternativa estaba a la altura de los grandes. Me ofrecían dos años y mi equipo, tres. Pero si quería subirme a un pódium como el del Tour debía escoger al que me diese esa oportunidad. Opté por Javier Mínguez, donde aun con un año menos de contrato podría batirme en las mejores competiciones internacionales. Comunicar mi marcha fue un trago duro.

Es importante dejar las puertas abiertas, aunque te sientas importante porque se peleen por tenerte en sus filas. La humildad, el agradecimiento y la empatía son fundamentales. Aun no entendiendo mi decisión, la puerta quedó abierta. Por eso regresé más adelante a dirigir el Euskaltel Euskadi.

Con Seguros Vitalicio empezó el ascenso al liderazgo. Mi hermano Álvaro y yo fichamos por dos años. Disputaríamos las grandes Vueltas del calendario internacional y las clásicas de la Copa del Mundo. Conocí al verdadero Javier Mínguez: con su sola presencia provocaba respeto. Con él no había excusas, solo trabajo, entrega, compromiso y disciplina.

La diferencia en la gestión del proyecto en el que había estado, el Euskaltel-Euskadi, y en el que estaba era palpable. Empezó mi curiosidad por conocer los entresijos de la gestión. En el Euskaltel-Euskadi faltaba liderazgo, algo que atesoraba Javier Mínguez.

Javier Fernández Aguado, en su obra *El idioma del liderazgo,* señala 250 palabras y comportamientos que enhebran el comportamiento del líder. Destaca en una entrevista las siguientes: optimismo, exigencia propia, empatía, ejemplaridad, coherencia, ética y visión estratégica.

El liderazgo es una característica que en ocasiones no se ve, pero que los integrantes de la organización sienten y respetan. No se trata solo de parecer, hay que ser. La carencia de estos comportamientos reducía de forma considerable el liderazgo y hacía que los ciclistas tomasen decisiones o, mucho más lamentable aún, que externos decidiesen por motivaciones extemporáneas. El Euskaltel-Euskadi se enfangaba con claves políticas ajenas a las deportivas. Cada integrante del equipo anteponía sus objetivos individuales sobre el común. Casi no existía un reto compartido que fuese trasladado a los integrantes, y eso provocaba que estuviesen a la deriva buscando cada uno su propia salida. El mánager general, Miguel Madariaga, procuraba cerrar filas, pero pululaban demasiados intereses que le dificultaban timonear.

En la creación de equipos, una vez elegidas las personas que lo van a integrar, hay que tener en cuenta que cada una va a tener un objetivo individual. Es algo natural que hay que gestionar con el fin de que reporte en la consecución del interés general, que debe trasladar y comunicar quien lidere.

Lo general debe estar por encima de lo individual. Una vez entendido y aceptado florece un sistema de confianza donde burbujea el valor fundamental del trabajo en equipo. Esto es esencial para conseguir el nivel más alto, la cooperación y el compromiso.

John P. Kotter fija tres puntos esenciales en la labor del líder:

1. Fijar el rumbo: desarrollo de visión a largo plazo y de unas estrategias para alcanzarlas, siempre en relación con el objetivo general.
2. Alinear a las personas para la consecución de la visión y las metas: comunicación de la dirección, verificando la comprensión del mensaje.
3. Motivar e inspirar: mantener a los profesionales en movimiento en la dirección correcta, apelar a la necesidades, valores y emociones a pesar de los obstáculos.

El equipo en el que me encontraba era radicalmente diferente al precedente. Javier Mínguez exudaba autoridad y poder. Lideraba de forma clara a ciclistas y cuerpo técnico. Como Aníbal cuando peleaba contra el Imperio romano: lo primero que hacía era asomarse para ver lo que sucedía en la batalla, columbrar la realidad.

A Javier lo reconocíamos por sus conocimientos y saber hacer. Se preocupaba por todos de forma específica. Durante años había pergeñado un equipo técnico cohesionado que lo acompañaba. Javier delegaba y responsabilizaba, pero sobre todo apoyaba y facilitaba el que la dirección de cada área estuviera pilotada por personas de confianza. Fernández Aguado explicita que delegar es formar personas para tomar decisiones, y hay que dejar que las personas actúen. Luego habrá que gestionar el error. Pero si paramos a la gente, entonces no harán nada, porque dirán: «¿Para qué voy a moverme si me van a reñir cada vez que hago algo?». Tenemos que permitir que otros se equivoquen, siempre que haya buena fe.

Con los ciclistas, Javier Mínguez era estricto, severo y minucioso. Exigía a cada ciclista el 100 % y mantenía un contacto estrecho. Me hizo mejorar. No todos aguantaban, pues la rigidez era llevada al extremo. No éramos máquinas, sino personas con emociones y sentimientos. Javier presionaba al límite.

En mi inicial año con Javier gané la primera carrera importante a nivel internacional. Fue en Torricella di cura, en la gran Tirreno Adriático (Italia). Llegué a meta con los más destacados ciclistas del momento: Jalabert, Bartoli, Rebellin... ¡Los vencí! El inicio de la Tirreno Adriático había sido complicado. El equipo me había marcado un objetivo: llegar con el entrenamiento y un peso adecuado. Aparecí con un kilo de más. Javier se enfadó severamente. Me centré y a mitad de carrera estaba en el peso objetivo, lo que a la postre me posibilitó ganar.

Tras la victoria, la tensión se tradujo en un abrazo de reconocimiento. En cualquier equipo, el líder debe sacar lo mejor de cada integrante y corregir fallos. Si las cosas se hacen bien, hay que reforzar y premiar. Eso hacía Javier Mínguez. Marco Aurelio lo escribió en el siglo II: *«Un buen líder debe de tener conocimiento, principios y valores. Debe mantener su criterio, pero de dentro hacia fuera»*.

La temporada continuó y mi posición siguió creciendo. Había inscrito mi nombre en competiciones internacionales, y eso facilitaba el ser reconocido. Javier me propuso dar el máximo hasta el mes de mayo y después cogerme unas vacaciones para afrontar la Vuelta a España lo más descansado posible.

Javier diseñaba la estrategia. Si el resto de grandes ciclistas primero competían en el Giro (mayo-junio) y luego en el Tour (julio), iban a llegar cansados a la Vuelta a España. Pensó: «Dejemos a Igor tranquilo y que llegue reconfortado a la Vuelta». La estrategia es necesaria en cualquier líder para llevar a la organización por el camino correcto. Aníbal, en su victoria preliminar a la llegada a Roma, decidió esperar y disfrutar de la victoria, aun aconsejándole sus súbditos que era el momento de atacar.

Javier disfrutaba de las victorias, pero no dejaba pasar la oportunidad de ganar la guerra. No se quedaba en una conflagración específica. Lo reconozco con perspectiva, pero en aquel momento no lo entendí.

Permanecí veinte días de forzosas vacaciones. No me subí a la bicicleta. Cuando comencé a entrenar pensé que había sido una lamentable decisión. Arrancaba prácticamente de cero. Me encontraba fatal y me resultaba difícil imaginar que iba a ser capaz de volver a ser el de antes. El *staff* técnico trabajó duro. Siempre le he agradecido su profesionalidad a Gabino Ereñozaga, masajista que me acompañó en mis mejores resultados, así como a Guillermo Cuesta. Qué importante es rodearte de expertos. Estaban también el «Rubio», José Luis Cerrón, actual presidente de la Federación Española de Ciclismo, y otros grandes profesionales.

En aquellos años, los ciclistas trabajábamos de forma individual desde casa. Podría decir que fuimos pioneros en el teletrabajo. Los equipos, a lo sumo realizaban una o dos concentraciones al año. Servían para realizar las fotos individuales y de equipo y reconocimientos médicos. A partir de ahí cada uno a su casa. La monitorización de los ciclistas no existía. Si vivías cerca de los auxiliares podían verte cada dos semanas. No existían plataformas para controlar a los deportistas.

El teletrabajo es un tema importante en los entornos empresariales. El COVID ha potenciado de forma exponencial esta forma de gestionar. Las empresas, dada la situación de pandemia, han tenido que adaptarse de forma urgente a una forma de desarrollo de relación de las personas que tiene puntos favorables y otros no tanto. Quienes llevan realizando el teletrabajo desde hace tiempo han puesto como elemento diferenciador las posibilidades que les aporta en ámbitos como la conciliación profesional y personal. Al igual que en mi época de ciclista, el entrenar de forma individual desde casa nos daba la oportunidad de compaginar nuestros horarios con la libertad de conciliar la vida familiar, social y de ocio con el entrenamiento.

Muchos expatriados llevan años practicando este estilo de labor. Sus funciones han sido desarrolladas como casos especiales hasta antes de la pandemia, pero en la actualidad esta forma de trabajar se ha multiplicado y los protocolos se han ido adaptando. Ha sido un aprendizaje constante, paralelo a la pandemia del COVID. Las organizaciones han tenido que tomar decisiones en función de las restricciones nacionales e internacionales.

La cámara de un ordenador te puede trasladar determinados mensajes, pero no todos. El trabajo en equipo, el compromiso, la empatía... se han visto relegados a segundo plano en las organizaciones que han apostado sin restricciones por el teletrabajo.

En los equipos ciclistas se dieron cuenta de las carencias a comienzos del siglo XXI. El ahorro económico era importante, pero a la postre generaba falta de compromiso y de implicación en la consecución de los objetivos. Se forjaba el que la individualidad fuese en detrimento de las metas comunes.

En las últimas dos décadas, los equipos ciclistas han aumentado de forma exponencial las concentraciones conjuntas. Esto ha hecho mejorar la cohesión de equipos y el compromiso de cada integrante. El deporte rey, el fútbol, ha construido ciudades deportivas, donde los integrantes del equipo están incluidos en un método de desarrollo de talento.

Roberto Olabe, candidato a mejor director deportivo de 2021 a nivel mundial en los Globe Soccer Awards, es un referente en las ciudades deportivas. Es en la actualidad responsable de la Real Sociedad. Somos primos carnales y mantenemos conversaciones interesantes sobre el desarrollo del talento. Más de una vez me ha comentado que estas ciudades deportivas facilitan el sendero de lo individual al conjunto. Explica que dentro de la ciudad deportiva de Zubieta apuestan por la formación integral de las personas.

El fútbol busca desarrollar en categorías inferiores grandes futbolistas para el primer equipo. No hay diferencias insalvables entre una gran empresa y una ciudad deportiva como Zubieta. Así lo explica: «*Nosotros desarrollamos talento. Nuestra razón de ser es cuidar, acompañar y formar a cada jugador o jugadora que entra en Zubieta. Tenemos tiempo para la observación, la identificación, la selección y captación, pero sobre todo queremos estar cerca del crecimiento de las personas...*».

Que las personas se sientan integradas en los proyectos ayuda a su compromiso con un trabajo integrador, a la identificación.

El deporte enseña que juntar equipos, preocuparnos por las personas y trasladar los valores que impulsan es imprescindible. El teletrabajo es una herramienta valiosa que hay que saber gestionar en su justa medida, teniendo en cuenta sus limitaciones.

Vuelvo a mi historia. Mi hermano corrió su primer Tour. Gran experiencia y actuación. Luego se adaptaría a mi calendario y prácticamente me acompañaría en mi camino hacia la Vuelta a España de 1999, que modificaría mi trayectoria.

4. Camino al liderazgo

*Controlar tus miedos y superarlos es el primer paso
para alcanzar el liderazgo en el deporte.*

La Vuelta a España de 1999 comenzó en Murcia. La había preparado desde meses antes con disciplina, según la estrategia diseñada por la dirección. Los nervios estaban a flor de piel. El equipo marcaba metas que cumplir tanto en cuanto a entrenamiento como en condición física. Se controlaba todo: kilómetros, esfuerzo semanal, peso, etc.

Cada dos semanas despachaban conmigo. Debía culminar retos concretos en preparación y fisiología. Se definían para el corto plazo y buscaban culminar por fases los marcados a largo. Javier hacía que se cumpliesen. Esa forma de trabajar mantenía alerta e intentaba dejar poco margen para el error.

Pero, ¿qué querían de mí? Yo pensaba en ganar una etapa. ¡Nunca lo había conseguido! Esperaban más y contaban con que no me saliese ni una coma del guion. Tuve que ser cuidadoso, sobre todo en el tema del peso.

Llegó el día. Partí para Murcia el 1 de septiembre. A la competición se llegaba un miércoles y la carrera comenzaba un sábado. En esas tres jornadas pasabas los controles rutinarios de salud de los organismos internacionales y coordinábamos funciones. Empezaba la Vuelta con un prólogo de cinco kilómetros.

El ciclismo es un deporte de equipo, pero a la hora de entrenar cada uno se prepara de forma individual. Como he comentado en el capítulo anterior, en aquellos años no se realizaban muchas concentraciones. El control se ejercía vía telefónica y con un seguimiento presencial del *staff* del equipo cada quince días. Muchas veces se ha planteado si el ciclismo, por esta forma de entrenar, es un deporte de equipo o más bien individual. No hay duda, es de equipo. Sin él es inviable la victoria, aunque obviamente la labor de cada integrante es fundamental. Normalmente vemos los últimos kilómetros de etapa, y en ese momento solo disfrutamos de la aparición en escena de los líderes. Hasta ese punto, la competición ha podido tener momentos complicados, donde trabajan otros integrantes fundamentales, los gregarios. Ellos se sacrifican por el líder, protegiéndolo. Detrás de cada empresa hay quienes estudian el mercado, analizan los números o desarrollan una aplicación. Al final presenta el director general, pero en la trastienda hay numerosas personas que han aportado para que todo fructifique. El éxito radica en buena medida en la capacidad de liderazgo para mostrar a todos que son imprescindibles. La gestión de los gregarios es una clave del éxito.

Durante los tres días previos al inicio se celebraban reuniones y se analizaba la carrera de forma minuciosa. Javier Mínguez era un hombre con una visión estratégica excelente. Repartía responsabilidades, delegaba y cada uno tenía claro cuál era su trabajo durante las veintidós etapas.

Como explicita Stephen Covey en *Los 7 hábitos de las personas altamente efectivas*, existen dos tipos de delegación: la de *recaderos*, donde delegar es ordenar lo que uno tiene que hacer: vaya a buscar esto, vaya a buscar aquello, haga esto, haga aquello, y avíseme cuando esté hecho. Tengan el puesto que tengan, tienden a producir y no saben cómo realizar una delegación completa. También se da la delegación en *encargados.* Se centra en los resultados y no en el método. Javier practicaba esta. Marcaba los objetivos y planteaba el plan de trabajo. A partir de ahí, cada uno era responsable en su actividad. Como Aristóteles escribió, *no se trata de tener súbditos, se trata de saber darles el cometido necesario.*

El viernes 3 de septiembre, vigilia del comienzo, nos juntó a la una del mediodía, recién llegados de entrenar. Nos desgranó adversarios, equipos, tipos de etapas, cronos, etc. No soslayó ni un detalle. Anunció quién sería el líder del equipo: Ángel Casero, un experimentado valenciano. Campeón de España en línea y ganador de significativas carreras, había sido quinto en el Tour de Francia aquel año. Se perfilaba como potencial triunfador.

Al concluir, cada uno se encaminó a su habitación. Javier Mínguez vino en mi busca:

—¡Igor, quiero hablar contigo!

Acudí raudo.

—Igor, has trabajado muy bien. El plan que habíamos planteado desde el mes de marzo para que llegases a la Vuelta a España en las mejores condiciones se ha cumplido. Has oído quién es nuestro líder, pero quiero que sepas que estoy convencido de que tú vas a ser la revelación de esta Vuelta y quiero que corras a por la general. Tengo total confianza en ti.

¡Qué importante es trasladar confianza! No me lo podía creer. ¡Él pensaba que yo podía ser la revelación! ¿Cómo gestionaría esa situación? ¿Cómo debía actuar? No me explicitó más.

Esta forma de acercarse la vi reflejada en el libro *La cruzada en Europa,* cuando Eisenhower era criticado por visitar a sus tropas. Era censurado por el riesgo que conllevaba y porque muchos creían que no era su función, pero él estaba convencido de la necesidad de que los soldados sintiesen cerca a los mandos y a su vez estos supiesen cómo estaban y qué necesidades tenían.

Llegó el ansiado inicio. Los días anteriores se hacen eternos. Los nervios bullen y las dudas también. El cuerpo humano no es una máquina donde puedes ajustar todos los tornillos, revisar el motor, engrasar los rodamientos y dejarlo como nuevo. Pululan sensaciones, emociones y sentimientos. La cabeza no deja de analizarlo todo. Cuerpo y mente se fusionan.

Me hablaba a mí mismo, pero no tenía conciencia de poder controlar los mensajes de esa voz. Algún divulgador de autoayuda denomina a esta segunda voz ruido mental. A mí me generaba ansiedad. Me hubiese venido bien un apoyo externo para controlarla. Afortunadamente he sido y soy valiente, optimista y acumulo ganas de mejorar. Me repetía: «Puedes, Igor».

Algo semejante debe suceder cuando te presentas a una oposición. ¿Me caerá el tema que me sé bien? ¿Y si no he estudiado algo? O en la presentación de un proyecto ante el Consejo de administración. Necesitas hablarte en positivo: ¡Sí, tú puedes! ¡Lo vas a hacer genial, porque te has preparado! Necesitas centrarte en lo que está acaeciendo y no en conjeturas.

Llegó el sábado 4 de septiembre. Amenazaba tormenta. Todos estábamos preparados, pero solo uno se llevaría la victoria. Mi director deportivo decidió sacarme de los primeros, cuando el terreno podía estar seco. Salida, nervios, concentración. En cinco kilómetros no hay tiempo para el error. Visualizaba el recorrido: recta, curva a derechas, recta, curva a derechas, recta, curva a izquierdas, y hasta meta.

Quien menos frenase se llevaría los laureles. Las curvas se te echaban encima y la precaución te podía hacer tocar el freno. Pero no moderé. Las hice perfectas. Iba bien. Todo el recorrido a la perfección. Ni un instante de relajación. Había que darlo todo. Recta definitiva. «¡Más Igor, más!», me martilleaba mi segunda voz. A tope hasta meta. La crucé y se escuchó: «¡Mejor tiempo de Igor González de Galdeano!».

Quedaban muchos. Yo había sido de los primeros.

Se sucedían las horas y nadie conseguía superar ese tiempo. Regresé al hotel. Comí algo y solicité masaje. Faltaban los favoritos. Yo no lo era. Se oyó un trueno. El cielo se cargó de nubes amenazadoras. Mi tiempo seguía siendo el mejor. Arrancó la lluvia y la carretera se puso peligrosa justo en el momento de los predilectos.

«¡Igor, vete preparándote para el pódium!», me repetían los compañeros.

A ratos dejaba de jarrear. Típico de Murcia. Cuesta que llueva y amenaza más de lo que cae. Llegó el momento de Abraham Olano, ganador de grandes Vueltas y especialista en contrarreloj. El terreno se había secado algo. ¡Gané por un segundo!

Me encontraba a unos cuatro kilómetros del pódium y debía acudir con rapidez. No podían pasar coches, todo estaba vallado. Salí corriendo. Un paisano me gritó:

—¡Igor! Coge mi bicicleta de paseo y vete a recoger el maillot de oro de la Vuelta.

El primer maillot oro de la historia de la Vuelta. Llegué sofocado y nervioso. ¡Alguien que va a recoger el maillot en una bicicleta prestada! El ciclismo es cercano. Quizás ese sea uno de los valores que más me gusta. Las personas pueden acceder a ti y sienten que eres terrenal. No somos galácticos y así nos mostramos.

Ese día se destapó mi potencial. Esta victoria, sumada a las anteriores, hacía más fuerte mi candidatura para la Vuelta a España. Tenía veintiséis años. Fue una noche especial, pero no había tiempo para la celebración. Quedaban veinte duros días por delante.

La Vuelta fue trascurriendo sin más obstáculos que superar las etapas sin contratiempos. Había que esperar a la siguiente contrarreloj en Salamanca para verificar quiénes eran los más fuertes. Javier Mínguez ya no me necesitaba tapado. Podía jugar mi carta abiertamente dada la primera etapa.

En la segunda etapa perdí el liderazgo. Los espríts tenían bonificaciones en meta y me arrebataron el maillot. Llegó Salamanca. Crono larga, mi especialidad. Tenía más que ganar que perder. El día era soleado y todo fue bien. Era más de lo que había soñado. Me coloqué cuarto en la general, con posibilidades de aspirar a pódium. El líder del equipo, Ángel Casero, quedó atrás.

Llegamos a Asturias. Era la primera vez que se subía el mítico Angliru, puerto temible y terrible con durísimas rampas. Había que cambiar los desarrollos de la bicicleta, como si fuesen de una *mountain bike*. Conocía la subida porque fui a reconocerla en mayo aprovechando las vacaciones, junto a mis inseparables César y Juan Ignacio.

Fue terrorífico. Llovía y las carreteras asturianas son como una montaña rusa, con peligrosas bajadas. La carrera iba rápida y en el descenso de la Cobertoria se produjo una caída múltiple. Me vi involucrado. El pelotón se dividió. Caía agua de forma torrencial y los coches no llegaban a donde estábamos. Me levanté aturdido. El casco se había quebrado. Monté y me puse en marcha. Llevaba mucho tiempo perdido. Se sucedieron los kilómetros que más rápido hice en mi vida de ciclista. Pasé de una posición muy atrasada a décimo. Una gesta de la que pocos fueron testigos. Mis compañeros no eran capaces de medir esa remontada espectacular. Gracias a ello seguí con mis opciones intactas para aspirar a todo en la Vuelta a España. Levantarse tras caer es esencial para el éxito.

La Vuelta prosiguió y llegamos a la parte más importante: los Pirineos. Llegaba la etapa reina, Ordino-Arcalis. Puertos de mucha entidad, donde se iba a dilucidar quiénes estarían en disposición de disputar el pódium. Fue un antes y un después.

Dada su dureza, era una etapa por eliminación. Encarábamos los dos últimos puertos: Ordino y Arcalis. El líder, Abraham Olano, sufría y perdía tiempo. La radio que llevábamos para comunicarnos con el director fallaba. Javier se acercó a la cola de pelotón y bramó: «¡Ataca!». Yo no entendía el nombre. ¿A quién se dirigía? Miré hacia atrás y le vi con medio cuerpo fuera del coche, desgañitándose: «¡Ataca!». No me lo pensé y me lancé.

Al acabar supe que esa orden no era para mí. Muchos pensaron que estaba cavando mi tumba. Quedaba por delante el último puerto, Arcalís, de categoría especial y veinticinco kilómetros para llegar hasta el pie del temido puerto. Impulsado por un experto Javier, que me iba indicando cada paso a realizar, qué desarrollo aplicar, qué consumir en cada momento, llegué a la victoria. Por detrás trabajaron el Banesto de José María Jiménez y el Kelme de Roberto Heras, con Jan Ulrich sin compañeros para reducir diferencias. Fue una proeza. Tras este triunfo me di cuenta de que lo importante de los logros no es qué éxito has culminado, sino cómo lo has conseguido. He conocido directivos que han alcanzado una posición en la empresa por ser hijos de su antecesor, por ser amigos del CEO o colocados por intereses políticos. Resulta penoso. Cualquier puesto de dirección debería estar cubierto por personas con formación y que no se hayan saltado ninguna etapa de lo que los romanos denominaban el *cursus honorum*, plan de carrera, diríamos hoy.

Me coloqué segundo en la general. Me mencionaron como un referente. Me mantuve hasta el final como candidato a la victoria. Llegué a la penúltima etapa segundo en la general a tan solo treinta segundos del líder, el alemán Jan Ullrich, que había ganado el Tour de Francia del 97. Hasta ese día, no sin dificultades por ataques de adversarios que aspiraban al pódium, fui mejorando mi posición en la general. Jan Ullrich, líder y máximo candidato, mostraba debilidad los días anteriores a esa contrarreloj.

Me enfrentaba a una situación de alta tensión. Hasta ese momento todo transcurría de forma positiva. Los resultados estaban por encima de las expectativas. Me alababan. Me hallaba en estado de gracia. Mi cuerpo respondía al esfuerzo. Llegó el día de enfrentarme al mejor. Afrontaba un reto soñado, considerando que con el entrenamiento realizado y mi estado de forma lo tenía hecho. No fue así. Con ensoñación infantil te ves preparado física y mentalmente. Cuando llegan esos desafíos comprendes que no lo estás, que nadie te ha proporcionado instrumentos para hacer frente a esa situación. Te encuentras solo frente a la responsabilidad.

Hay que disponerse mentalmente. Precisas afrontar el combate de forma global y serena. El foco estaba sobre mí. Antes del inicio de la contrarreloj salí a calentar por los alrededores de El Tiemblo (Ávila), de donde partía. Me crucé con Ullrich. Iba acompañado por un coche de su equipo y por dos personas. Yo no contaba con el mismo nivel de apoyo.

Salí en la crono nervioso, indeciso y preocupado. Me faltan palabras para definir aquel bloqueo. Cuando apenas llevaba cinco kilómetros, Jan Ullrich me había metido veinte segundos. Yo no cogía el ritmo. En ese momento, el director del equipo pasó de pedirme concentración y velocidad a centrarse en el aspecto mental de lo que estábamos afrontando. Ninguna de mis reacciones tenía un origen físico. Yo era el mismo que había llegado a esas alturas. De repente mis piernas parecían haberse olvidado de cómo ser ciclista.

Javier me trasladó confianza. Me repitió una y otra vez que la Vuelta a España sería un éxito rotundo y que aquella crono iba a ser un día duro, pero que podía hacerlo mejor. Fui superando el estrés. Finalmente Jan Ullrich me dobló y acabó ganando con autoridad, pero yo logré un más que positivo segundo puesto en la general. Además, en esa contrarreloj de El Tiemblo comprendí la importancia de la cabeza como motor de las piernas y del trabajo psicológico en el rendimiento. Ese día perdí en lo deportivo pero senté las bases para mejorar en lo personal.

He aquí unas reflexiones del exciclista Perico Delgado respecto a ganar-perder en el deporte:

Gran Reflexión de Perico Delgado

"Estamos enseñando a ganar, cuando deberíamos enseñar a perder. Porque, sencillamente, ocurre más. Yo corrí 11 Tours y sólo gane uno. El deportista a lo que está acostumbrado es a convivir con la derrota. Pero estamos creando una sociedad de iconos victoriosos y nos olvidamos de la cantidad de trabajo y de derrotas que son necesarias para lograr una sola victoria. La de veces que antes de ser primero, has sido segundo, tercero, último o has abandonado. Ganar es el objetivo, pero no es lo que define al deportista. Lo que le define es todo el trabajo que hace para intentar ganar. Lo logre o no. Cuando yo era segundo o tercero en el Tour, se vivía como un auténtico éxito. Ahora eres segundo y te dicen que sí, que bien, pero que has perdido. Me da pena que estemos creando una sociedad donde sólo vale ser el número 1"

Al día siguiente todo fueron felicitaciones. Subí al pódium. Comenzaba un ciclo, una etapa de búsqueda de nuevos objetivos. Ya no iba a ser el joven ciclista que sorprendía.

El listón estaba más alto. La próxima vez que volviese sería a ganar. La presión en cada competición a la que acudiese iba a ser máxima por parte de los medios y el público.

Aquella Vuelta a España me dejó una rodilla lesionada. Tuve que terminar mi temporada. Ese invierno estuvo repleto de homenajes, premios, felicitaciones y compromisos. Todo el mundo quería estar conmigo. Tocaba disfrutar de los resultados cosechados. Mi cabeza seguía pilotando en torno al Tour. Los homenajes y las muestras de cariño te introducen en una burbuja, te hacen sentir especial. Te crees el centro de atención y tiendes a moverte con cierto aire de grandeza. Juzgas que todo el mundo te reconoce.

Antes de partir hacia aquella Vuelta a España, Nerea y yo decidimos ir a vivir juntos a La Puebla de Arganzón, un pueblo situado a quince kilómetros de Vitoria. A esa localidad me une un sentimiento especial. Sus ciudadanos promovieron un sentido homenaje: aunque llevaba pocos meses entre ellos, la acogida fue increíble.

Vitoria organizó una fiesta institucional. El día anterior, por no andar yendo y viniendo desde La Puebla de Arganzón, me quedé a dormir en casa de mis padres, donde trasladé la bicicleta y lo necesario para salir a entrenar al día siguiente, así como para asistir a la recepción en el ayuntamiento y la diputación alavesa.

Ese día, la vecina del primero me dio una lección. Yo fui a por la bicicleta al «camarote», pues me disponía a entrenar. No habían pasado ni tres días del fin de la Vuelta a España. Ella me conocía de toda la vida y siempre que me veía con la bici me miraba con extrañeza. Aquel día bajaba en el ascensor. Se detuvo. Abrió ella. Comentó:

—¡Hombre!

Convencido de que me iba a felicitar por mi actuación en la Vuelta a España, respondí con un alegre:

—¡Buenos días!

Añadió:

–¿Ya vas a andar en bici otra vez?

–Sí, señora; hay que entrenar.

–¿Entrenar? ¿Pero no haces nada más? ¿Y qué dicen tus padres de esto? Tienes edad de trabajar, y es lo que deberías hacer.

Esa interpelación me facilitó la humildad. Aquella mujer ignoraba lo que había conseguido. Me hizo comprender que yo no era el centro del mundo y que debía bajar el nivel de orgullo que a ratos se apoderaba de mí. Nada diferente de lo que narra David Owen en su estudio *En el poder y en la enfermedad*. ¡Gracias, vecina del primero!

El año siguiente las expectativas eran altas. Era candidato donde competía. Alcancé buenos resultados. Mi contrato con Seguros Vitalicio finalizaba. La compañía, tras un trienio de patrocinio, comunicó la conclusión a finales del 2000. Volvíamos a estar en búsqueda. Los resultados nos acompañaban a mi hermano Álvaro y a mí. Dos de los mejores equipos nacionales se interesasen por nosotros: Banesto y ONCE.

La temporada se dividía en dos mitades por el Tour de Francia. Repetí el esquema del año precedente. El equipo pensó que era el momento de apostar por la victoria absoluta. Mismo plan para conseguir mejor resultado. Seguí centrado en la preparación física sin atención a la psicológica. Me enfrentaba a un reto de máximo nivel sin preocuparme de lo que me había faltado. Yo pensaba: ya tengo la experiencia del año pasado. ¡Error! Debí buscar a la persona que me apoyase con el fin de soportar la presión. Nadie me lo propuso y yo no era plenamente consciente de esa necesidad.

Hasta las vacaciones las cosas rodaron bien. Lo que cambiaba es que los seguidores esperaban que ganase. Todo lo que estuviese por debajo se juzgaba como un paso atrás. Al ser muy conocido mis movimientos se seguían de cerca.

Es algo semejante a cuando una empresa mejora de forma frenética período tras período sus resultados. Todo lo que no sea incrementarlos se toma como «este año no hemos conseguido la facturación esperada». Nos focalizamos en los puntos débiles, en los yerros. Es como una linterna encendida en la oscuridad. Centras la atención en aquello que alumbre. Conviene encender la luz que proporciona la posibilidad de ver la habitación y valorar el trabajo realizado. Los puntos débiles, la cuenta de resultados, pero también el organigrama, la implicación de los trabajadores, el entorno económico y sus efectos, etc. Solo así podrás realizar una valoración realista de los motivos por los que están sucediéndose los resultados. Esto te prepara para los momentos difíciles y pone en valor los puntos fuertes que conducen al éxito.

Mi capacidad competitiva me cegaba y nublaba el conjunto. Hubiera merecido la pena esforzarse por ver el marco global. Llegué a la mitad de la temporada con buenos resultados, mejorando los de la precedente. Cada carrera en la que participaba conseguía victorias o pódiums. Seguía mi progresión.

Antes del descanso me brindaron la oportunidad de participar en una de las clásicas más importantes del calendario internacional, la Amstel Gold Race. Se enumera dentro de las clásicas de abril, una competición de 240 km por las sinuosas y estrechas carreteras holandesas, donde en aquella época los españoles lucíamos poco. Me planteé disputar al máximo. Llegamos a Holanda. El clima era aceptable. Para el equipo era un trámite antes de partir hacia otras pugnas en Italia. No realizamos ninguna preparación especial. Fue una experiencia que me enseñó muchas cosas que me valieron para mis años como profesional y para mi trayectoria como gestor.

El inicio fue frenético. Discurría por carreteras estrechas, perimetradas por setos y con pequeñas subidas de un kilómetro que al coronar llevaban a páramos donde el viento hacía estragos en un pelotón estirado. Me propuse como estrategia correr cerca de ciclistas holandeses que conocían el recorrido al dedillo. Fue una locura, con frenazos, caídas, viento... Cuando llevábamos 60 km, un compañero se me acercó:

—¡Igor, esto es una locura, nos vamos a caer. Yo me voy a retirar; me estoy jugando la vida!

Yo repliqué que iba a seguir.

Cada repecho que pasaba encontraba auxiliares de los equipos fuertes en zonas donde los coches no podían llegar. Coger agua o comida era no volver a ver la cabeza de carrera. El pelotón fluía estirado: 200 ciclistas de uno en uno. Hacia el kilómetro 210 me quedé fuera del grupo delantero. Fui gastando fuerzas en balde sin agua ni comida. Los últimos 30 km los hice en el segundo grupo. Concluí.

He coincidido con posterioridad a ciclistas de primer nivel, como Joaquín Rodríguez «Purito» o Alejandro Valverde, que vencen en las clásicas de abril. He indagado: ¿cómo han podido conseguir ganar en esas competiciones tan complicadas? ¡Se rodean de su equipo de confianza! Analizan los detalles con antelación, tomando notas, revisando el recorrido y grabándolo si es necesario. Se entrenan para llegar en el mejor estado de forma posible preparándose exclusivamente para esos kilómetros e intensidades. Disponen de ciclistas, junto a auxiliares que trabajan de forma constante para afrontar las múltiples necesidades: mecánicos, masajistas, director deportivo... No dejan nada al azar o a la suerte. Dependen de ellos y las soluciones parten de ellos mismos. Eran como unos holandeses más.

Empleé estas reflexiones al dirigirme a los comerciales de una multinacional:

—Si queréis encontrar nuevos clientes en una nueva zona en la que nunca os habéis introducido, debéis controlar el entorno en el que os vais a mover, tener información veraz del cliente y rodearos de un buen equipo de trabajo. No dejéis nada al azar, aunque en ocasiones se genere por casualidad buen resultado.

Marco Aurelio lo explicitó: «*Si las cosas salen bien al azar, no sigas tú con el azar esperando que vuelvan a salir bien*».

Tras nueve años de noviazgo, le pedí matrimonio a Nerea. Nos casaríamos, como es habitual entre ciclistas, después de la temporada, en noviembre. Es una de las decisiones que ha marcado de forma enriquecedora mi existencia. Me ha trasladado tranquilidad, estabilidad y mucho amor, pilares fundamentales. Llegaron progresivamente nuestras hijas —Nahia, Maddi y Paule—, tres estupendos puntales.

Comencé mi segunda parte de la temporada con energía. La incertidumbre, después de la experiencia del año anterior, era controlada, pero seguía sin recibir el apoyo psicológico necesario. Aun así comencé bien. Todo parecía ir sobre ruedas. Arrancamos desde Málaga. No había tapados. El líder era yo.

Desde las primeras etapas me encontré entre los mejores. Siempre en puestos de pódium. Pero sucedió algo inesperado. Una rodilla comenzó a fallar. El dolor era intenso. Buscamos a los mejores traumatólogos, pero la recuperación era complicada. Aguanté hasta la que en el año anterior había sido la etapa que más rápido había rodado, la del mítico Angliru. La articulación no iba. El malestar era constante. Aguanté con calmantes.

Estábamos en Asturias; el terreno no daba tregua. Comenzamos a subir el puerto del Cordal, anterior al mítico Angliru. La rodilla punzaba y antes de coronar tuve que echar pie a tierra. Todo mi trabajo de meses se fue al traste. Nadie contábamos con ello. Javier Mínguez, antes de irme a casa, me comentó:

–Igor, buen trabajo. Hay cosas que se escapan de nuestro control. Recupérate.

La tristeza se adueñó de mí. ¿Por qué me ha pasado eso? ¡No era justo! ¡Cuando mejor estaba! No sabía entonces que Marco Aurelio escribió que *«la felicidad está en la capacidad que tenemos de controlar algo de nuestra vida»* y Epicteto: *«La felicidad depende de ti. De tu voluntad, de tus ideas y del uso que hagas de todo eso».*

Las lesiones son parte de la trayectoria y vienen cuando menos lo esperas, sin otra causa que la dureza de los entrenamientos. Llevas tu cuerpo al límite. Era el final de la Vuelta a España y de mi pertenencia al equipo Seguros Vitalicio. La dolencia desapareció al terminar esa temporada...

En los años 80 y 90, los equipos ciclistas carecían de un equipo de prevención y recuperación de lesiones. El método se basaba en curar más que en anticiparse. Cada equipo disponía de dos o tres masajistas que se encargaban de descongestionar las piernas. Además, siempre había un médico para diagnosticar y aplicar tratamientos. A partir del 2000 cambiaron las cosas. Los equipos ciclistas comenzaron a prevenir. Por ejemplo, se empezó a incluir en el *staff* a cocineros que se encargaban de la correcta alimentación, controlando cualquier intoxicación. Llegaron los fisiólogos, los quiromasajistas, los psicólogos y los nutricionistas. Se cubrieron los ámbitos que influían en el rendimiento de un ciclista. Una decisión acertada que fortalece la salud y afianza la consecución de los objetivos.

Muchas empresas se aprestan para disminuir bajas laborales. Fagor, por ejemplo, ha implantado un proyecto llamado Mugi, en el que inicialmente invitan a acudir en bicicleta al trabajo. Premian esa decisión aportando valor a cada kilómetro realizado por los trabajadores a una acción social. Dentro de una web interna lo relacionan con consejos tanto de movilidad como de vida saludable y cuidado del medioambiente. No solo impulsan valores, sino que consiguen identificación con ellos.

Me operaron en Vitoria. Tenia una lesión importante. La exitosa intervención corrió a cargo de Mikel Sánchez, traumatólogo que se iba a ocupar de mí desde ese momento.

Me casé. Todo el equipo acudió al enlace. Tuvo cierto sabor a despedida, mientras yo comenzaba un camino más importante con Nerea: crear una familia.

Desembarqué en ONCE-Eroski. Nuevo directivo, auxiliares y compañeros. El mánager, Manolo Sainz, me confirmó, al firmar el contrato: «Tu objetivo este próximo 2001 será participar en el Tour de Francia».

Se aproximaba el anhelo soñado.

5. Cambio de liderazgo

En el momento en que tus miedos toman el control de tus acciones, tu capacidad de liderazgo desaparece.

Ese invierno, antes de inaugurar mi andadura dentro del equipo ONCE-Eroski, donde conseguiría mis mayores logros, tuve que recuperarme durante mes y medio de mi rodilla operada. Una lesión para un deportista es de los peores tragos que existen. Permanecer parado, teniendo que atrasar el inicio de la pretemporada, es como sumergirte en una olla a presión. Tenía miedo a subir mi peso y no recuperarme al 100 %. Veía cómo los compañeros arrancaban los entrenamientos con normalidad, mientras que yo seguía en rehabilitación de una lesión que no terminaba de superar.

Como ya he mencionado, ese invierno me casé con la novia de toda la vida, Nerea, el 11-11-2000. Unimos nuestras vidas para afrontar el futuro juntos. Un porvenir alrededor de la bicicleta, con miras a formar nuestro hogar. La familia es como una empresa, donde ambos impulsamos nuestras existencias con el fin de llegar al éxito. Conlleva sacrificio, compromiso, cercanía, entendimiento, empatía y... mucho amor.

Ha sido una de las mejores decisiones. Tengo a mi lado a una mujer extraordinaria que me ha apoyado en todos los ámbitos. Mis éxitos llevan el sello de Nerea. Nada es gracias a uno solo. El éxito es del equipo que siempre da el máximo, para que, pase lo pase, sigas adelante. Treinta años llevamos juntos. ¡Gracias, Nerea, por las tres hijas que tenemos y por estar ahí siempre!

Operación de rodilla, viaje de novios... ¡Vaya periodo complicado para iniciar la temporada! Recuperado, comencé a entrenar con fuerza. Había perdido condición física. Mes y medio de inactividad y rehabilitación. Precisaba de gran brío para alcanzar un nivel apropiado para afrontar las competiciones. Mi peso, a pesar de mi contención, se había incrementado. Fue un arduo inicio de pretemporada.

Llegó la primera concentración, en enero. Nuevo equipo, compañeros, auxiliares y mánager. El ambiente era genial. Se planificó el calendario de ciclistas y *staff* tras el primer contacto. Los médicos hacían revisiones medicas y se organizó lo necesario a nivel de estructura y infraestructura para afrontar un calendario exigente.

El proyecto estaba pilotado por el experimentado Manolo Sainz, personaje con repercusión mediática. Era innovador y exigente. Su forma de gestionar era similar a la de Javier Mínguez, aunque algunos aspectos diferenciaban el modelo de liderazgo. Mientras Javier nombraba un responsable en cada área, Manolo Sainz los situaba solo en las más importantes. Javier delegaba; Manolo intervenía en cada decisión.

Manolo Sainz influía en cualquier aspecto, controlaba todo. No salía de mi asombro por su capacidad omniabarcante. Disponía de un equipo fiel con el que llevaba años. Los ciclistas retirados seguían como mecánicos o masajistas. Procuraba que hubiese una estupenda relación. Buscaba actividades que uniesen. Era motivador y empatizaba con el fin de sacar el máximo de cada uno. Analizaba a la persona que se encontraba debajo del maillot. Valoraba hábitos, aptitudes y actitudes ante retos deportivos y personales. No fichaba al azar. Quien era individualista, independiente, tenía los días contados.

En la primera concentración, todos los años hacían una presentación divertida de los ciclistas nuevos que llegábamos. Antes tengo que decir que en la concentración se entrenaba durísimo y aquel primer año, tras la lesión, llegué corto de forma, por lo que me tocó sufrir. Allí estaban, por ejemplo, jóvenes como Alberto Contador y Joaquín Rodríguez («Purito»), entre otros. El grupo se había renovado, por lo que las introducciones se iban a alargar. A cada uno de nosotros se nos disfrazaba de la manera más cómica posible por parte de los veteranos. Tras cenar ataviado, debías subirte a una silla y presentarte. Una vez terminada tu corta y nerviosa intervención, comenzaban las preguntas de los viejos del lugar, las cuales, como os podéis imaginar, eran rebuscadas y te ponían en un aprieto. No se te permitía bajar de la silla hasta que no estuviesen todas totalmente respondidas. Cuestiones tales como: ¿Qué has hecho tú para llegar al equipo ONCE? o ¿nos puedes cantar la canción de los pajaritos de María Jesús? Puede parecer una forma de ridiculizar, pero en realidad era uno de los momentos más divertidos de la concentración. Todos disfrutábamos. Con estas actividades se quería romper la fina línea en la que cada uno buscaba mantener su imagen para causar la mejor de las impresiones. Era una buena manera de generar equipo.

En la ONCE yo me sentí arropado y cómodo. Disponía de un buen contrato, adecuado calendario de competiciones y correcta relación con todos, que valoraban mis aportaciones. Estaba profundamente motivado. Había llegado con el rol de líder, compartido con Joseba Beloki y Abraham Olano. Joseba Beloki era de mi quinta, y como yo en la cúspide, y Abraham Olano cuatro años mayor que nosotros, en decadencia tras una carrera deportiva de grandísimos resultados. Se diseñó un entorno donde cada uno dispusiésemos de nuestro espacio.

Manolo Sainz era severo. Buscaba implicación e impulsaba. No dependía de las tácticas de otros. Consideraba que los demás debían competir en función de las nuestras. Su lema era: ¡Nosotros damos primero!

Yo no siempre compartía esta manera de afrontar. Saber cómo iban a actuar los demás para mí era necesario. Contar solo con nuestra estrategia para enfrentar las carreras me parecía que nos situaba en desventaja. Es cierto que el resto nos veían tan mentalizados que perdían tiempo en intuir nuestros movimientos. Muchos afrontaban la competición al contraataque. Yo anhelaba valorar su estrategia, porque, como se ha demostrado en la historia, es fundamental para triunfar en cualquier situación. En Waterloo, Napoleón despreció la valía de Wellington, al que denominaba despectivamente cipayo por sus victorias en las zonas coloniales británicas de la India. Desoyó las informaciones de sus generales e infravaloró a su oponente.

Wellington, por el contrario, analizó de forma exhaustiva la estrategia en las batallas del corso y se armó para vencer a un arrogante Bonaparte. Napoleón fantaseaba: no fue el ejército romano quién conquisto la Galia, sino César; no fue el ejército cartaginés el que, ante las puertas de Roma, hizo temblar la Ciudad eterna, sino Aníbal. El francés creía en su victoria si arrastraba a su ejército con firmeza y confianza. Wellington le demostró que examinar al contrincante, no infravalorarlo, y contar con un gran Ejército y estrategia, permite alcanzar el triunfo.

Si consideraba que no se había estado a la altura, Manolo recriminaba de forma intensa. La temporada avanzaba. Olvidada mi lesión de rodilla comenzaba a cosechar resultados. Realicé una primera parte de la temporada exitosa. Llegaba el momento de afrontar mi participación en un Tour de Francia, primer paso para alcanzar mi sueño.

Ese Tour lo lideré junto a Joseba Beloki. Ambos habíamos pisado pódium en carreras de tres semanas. Yo, en la Vuelta a España; él, en el Tour de Francia. Competíamos desde pequeños y nuestra relación era excelente. Los dos vivíamos en Vitoria. Ambos ansiábamos mantener la posición preponderante. Sentíamos necesidad de marcar nuestro territorio en base a resultados para presentarnos en el Tour de Francia un escalón por encima uno del otro.

La llegada a la ronda gala fue espectacular. Es la mejor carrera del mundo. Todos los medios estaban allí. Nosotros partíamos como un equipo capaz de destronar al dominador, Lance Armstrong.

Llegamos tres días antes. Esas jornadas se utilizaban para revisiones médicas, controles de salud, reconocimiento de recorrido y análisis de la carrera. El día anterior al arranque nos reunimos en el autobús, donde se analizó de forma minuciosa a los ciclistas que venían a disputar, las etapas... Se diseñó un plan estratégico para esos veintidós días, teniendo en cuenta la evolución semana a semana. Se afrontó un detalle significativo: quién iba a ser el líder. Manolo no dejó espacio para las sorpresas. Nos enfundó a Joseba Beloki y a mí el rol. Dividió el equipo en dos grupos, encargados de proteger nuestras posiciones dentro del pelotón: «La carrera nos dirá quién va a ser nuestro líder, pero de momento confío en los dos y no quiero descartar ninguna opción».

El Tour de Francia de ese año comenzaba con un prólogo llano que se adaptaba bien a mis características. Salí con dudas sobre qué puesto alcanzaría, pero convencido de que iba a hacerlo muy bien. Como en la prólogo de la Vuelta a España de 1999, visualicé el trazado, memoricé cada tramo y medí de forma milimétrica la frenada necesaria en cada curva.

A diferencia de en la de Murcia, donde tenía muchas dudas antes de afrontarla, en esta partí convencido y seguro. Me salió un prólogo perfecto y me coloqué como mejor tiempo. Pasaban los grandes ciclistas por puntos intermedios y yo seguía siendo el mejor, hasta que llegó otro gran especialista en esta especialidad, Christophe Moreau, exitoso galo en aquella época y gran contrarrelojista, relegándome al segundo puesto por un segundo.

El anhelado *maillot june* estaba cerca. Empezaba a acariciarlo. La carrera comenzó en el norte de Francia y conocí de primera mano la diferencia del Tour con otras competiciones. La tensión dentro del pelotón era mayor. La competitividad era terrible y se sucedían las caídas provocadas por dicha tensión y por la velocidad.

Es de las competiciones más estresantes. Muchas veces era más importante un masaje en el cuello que en las piernas. Para mí se desarrolló sin contratiempos ni tropiezos. Todo lo que iba consiguiendo me recordaba a la Vuelta a España, en la que quedé en segundo puesto. Disfrutaba de una carrera que estaba desarrollándose con éxito en mi primera participación.

Todo iba rodado hasta la quinta etapa, antesala a la contrarreloj por equipos, nuestra especialidad. Encaminados hacia la Bretaña francesa, debía de ser tranquila para guardar fuerzas de cara a la contrarreloj del día siguiente. Como candidato a ganar podía colocarme líder del Tour de Francia, algo que no sucedía en un español desde Miguel Induráin.

Ese día el viento soplaba con fuerza. Manolo llamó a uno de mis compañeros al coche diez kilómetros antes de llegar al avituallamiento, en torno a la mitad del recorrido y que, salvo excepciones, genera una tregua para que todos los del pelotón pudieran coger bebida y comida para afrontar la segunda parte. Aquella persona tomó comida y bebida desde el coche para repartir cuando quedaba poco para recoger el avituallamiento. Se acercó a mí y me confió:

–Igor, me dice Manolo que en el avituallamiento hace mucho viento de costado y que hay que ponerse a tope para romper el pelotón.

Íbamos a crear los temidos abanicos. Pensé: ¿En el avituallamiento? ¡Pero si hay un acuerdo entre ciclistas de no agresión! Decidimos acatar la orden y atacar.

El resto recogió las provisiones con cierta tranquilidad mientras nosotros poníamos en marcha la maquinaria ONCE. Nadie esperaba una reacción de ese calibre. Toda la ONCE a relevos, el pelotón se empieza a estirar y no hay tiempo para la reacción. Quedaban cien kilómetros a meta, por lo que el esfuerzo, una vez tomada la decisión, iba ser importante en la antesala de una contrarreloj.

La carrera se rompió por completo y muchísimos ciclistas se quedaron atrás sorprendidos por la emboscada. Se experimentó un pulso constante entre los rezagados y los que íbamos delante. Fue un desgaste que no dio el resultado deseado, ya que nuestro rival, Lance Armstrong, no se quedó cortado. Además, provocó un sentimiento de desazón en quienes sintieron que se había roto el acuerdo de no agresión. No era la primera vez que sucedía, pero...

En el pelotón se suele denunciar una situación cuando va en contra del interés propio en el momento, pero cuando va a favor se suele callar y se traslada la frase de «esto es el Tour y nos jugamos mucho». Esa reflexión la hicimos nuestra en esa ocasión. Días posteriores, varios equipos quisieron vengarse, y cuando algún líder de la ONCE parábamos a orinar se ponían a tirar a tope como protesta.

Me llamó la atención la decisión de mi director. Nosotros éramos, *a priori*, el equipo a destronar a Lance Armstrong. Sin embargo, al acabar la etapa me contaron que mi director avisó a los de Lance Armstrong de lo que íbamos a hacer, buscando su colaboración. Cooperamos entre equipos que éramos competencia, ya que los dos queríamos el mismo objetivo. En momentos puntuales, en el camino hacia la meta se coopera en ocasiones con el fin de relegar a terceros. Conjuntamente podíamos conseguir un objetivo que de forma individual provocaría mayor desgaste.

Es un ejemplo claro de que la cooperación es posible entre personas, empresas o deportistas que pretenden un objetivo final diferente pero colaboran en uno común intermedio para afianzar sus posiciones dentro de su mercado.

Remito a un interesante libro de Ramiro Bengochea, director general de las empresas del sur de Europa de la multinacional CERATIZIT, titulado *¿Cooperamos?* y que tan amablemente ha prologado este libro. Una visión práctica y completamente innovadora de lo que supone colaborar y cooperar. En una extensa reflexión sobre la cooperación y los conceptos que influyen para hacerla sostenible, y sobre el compromiso, ejemplifica con el deporte: «*El ciclismo, ese maravilloso deporte, nos brinda a menudo un buen ejemplo sobre las ventajas que tiene la combinación de cooperación y competencia de forma consciente. Ocurre en muchas ocasiones que un grupo de ciclistas, rivales entre ellos, toma un tiempo de ventaja al pelotón y en su escapada tienen que cooperar para mantener esa ventaja. La rivalidad queda en suspenso durante la escapada y se introduce un proceso de cooperación con un objetivo común: llegar a unos metros de meta con ventaja sobre el pelotón. Si el grupo de la escapada no coopera realizando relevos bien coordinados, lo más probable es que sea alcanzado por el pelotón. Cuando ese grupo ha conseguido su objetivo común y se encuentran a poca distancia de meta, la rivalidad en suspenso vuelve con más fuerza que nunca para activar la competencia por el podio.*

Los ciclistas de equipos rivales que cooperan en una escapada lo harán si perciben abundancia de opciones, pero al final, cuando queden unos metros, competirán por la escasez de las tres únicas posiciones del podio».

Amaneció la jornada de la sexta etapa, la contrarreloj por equipos. Yo iba el primero de los favoritos y me encontraba en un equipo candidato al triunfo. Si acaecía, me situaba líder. Me hallaba a punto de materializar mi sueño. Nos levantamos cansados tras la etapa anterior.

Se multiplicaron las portadas en los periódicos anunciando mi asalto al maillot amarillo. La presión aumentó. Salimos a por todas. Manolo Sainz era un experto en cómo sacar lo mejor de cada uno. Otros reservaban a los menos especialistas y sacaban el máximo rendimiento a quienes mejor se manejaban en esa disciplina. Manolo, no. Él ponía en valor a cada uno. Primero revisaba la contrarreloj y la grababa en vídeo para posteriormente verla juntos. Visualizábamos el recorrido y nos indicaba cada punto clave. «En una contrarreloj por equipos, todos sois importantes», repetía. La clave es que cada uno aporte impulsando al equipo. Nadie debe de dejar nunca de dar relevo. El equipo debe ser una rueda constante. Nuestra unión como equipo es nuestra fortaleza.

Remarcaba conceptos a tener en cuenta y reglas que había que cumplir de forma estricta en los relevos. Era un apasionado de esta disciplina y nos trasladaba ese ardor. Sin embargo, no conseguimos la victoria. Se esfumó el sueño de vestir el maillot amarillo. Nos clasificamos en segunda posición. Fue mi última oportunidad en este primer Tour. El maillot amarillo pasa una o dos veces por delante... ¡O ninguna! Si no aprovechas no vuelves a verlo más en toda la carrera. Y así fue.

Siempre entre los mejores, concluí en el quinto puesto, adquiriendo gran experiencia. No hubo que elegir quién debía ser el líder en la carrera, ya que tanto Joseba como yo tuvimos una gran actuación en la general, dominada por el controvertido Lance Armstron. El resto de temporada transcurrió con normalidad, en carreras como la Vuelta a España, donde logré nuevos laureles de etapa.

Manolo Sainz planificaba entrenamientos, era presidente de la asociación internacional de equipos, dirigía las competiciones más importantes del calendario, innovaba constantemente en material y desarrollaba materiales para mejorar la biomecánica de sus ciclistas. Disponía de gente competente en áreas fundamentales. Siempre intentaba delimitar la forma de actuar, provocando innumerables e interminables discusiones.

Como he mencionado anteriormente, tanto Manolo como Javier disponían de autoridad y poder. Se lo ganaban día a día, pero mientras Javier trabajaba la delegación dando responsabilidades, Manolo brindaba poder, aunque sin autoridad, y eso se notaba a la hora de afrontar objetivos. Manolo afianzaba su figura, pero las personas perdían motivación.

Javier era un hombre tremendamente disciplinado y llevaba a sus deportistas al límite; Manolo confiaba más. Dejaba a cada uno que se desarrollase y alcanzase su mejor nivel, con un método más relajado. De lo que ambos carecían era de una persona que ayudase a los deportistas a afrontar los objetivos, no solo física, sino también mentalmente. El ciclismo estaba un paso por detrás de otros deportes y eso lo echaría en falta en sucesivas temporadas: la necesidad de alguien que me acompañase a nivel psicológico para afrontar los grandes retos deportivos que iban a venir, preparándome con herramientas para sortear los obstáculos en el desafiante sendero de alcanzar lo más alto a nivel internacional.

Pero no todo terminaría en ese Tour de Francia. Acudimos a la Vuelta a España con un gran equipo. Nos concentramos en Pas de la Casa (Andorra) para nuestra puesta a punto. Desembarcamos en buenas condiciones. Ganamos la primera etapa con autoridad: la contrarreloj por equipos.

Nos fuimos endosando el maillot sucesivamente. Nos adentramos por el norte de España. Una etapa fue angustiosa por el temible vendaval que pegaba de costado. Era el cierzo, ese viento típico de la zona de la Rioja, Aragón y la Ribera Navarra. La etapa transcurría por las tres zonas. Salíamos de Logroño, para llegar a la capital aragonesa. La dirección era la misma que el viento que azotaba. Manolo nos anticipó en el autobús que podía ser uno de los días más arduos.

No teníamos miedo. Estábamos cohesionados y eso es lo más necesario en estas situaciones. «¡El equipo siempre junto!», clamaba el director por el pinganillo, seguido por un, «¡a la salida del pueblo, a tope!».

Para quien nunca haya conocido lo que son los abanicos en el ciclismo, debo explicar que, como el nombre indica, el viento es el que mueve el pelotón. Al entrar de costado provoca que los ciclistas se cobijen tras otro. Esto genera que en la carretera no entren todos. El primer equipo que origina esta situación es el que tiene las de ganar.

El de Roberto Heras, el US Postal, y nosotros éramos los más fuertes. Al contrario que en el Tour, en esta ocasión no hubo cooperación, sino que fue una competencia constante. Por mis características de rodador me movía como pez en el agua. Fue una jornada de colosal estrés. Volábamos a más de 55 km/h. El pelotón se rompió y a falta de tres kilómetros a meta, cuando estábamos abocados a llegar al esprint, pedí permiso para atacar. ¿Por qué? Iba de líder Joseba Beloki y era la directriz de salida.

Manolo contestó:

—¡Adelante!

A falta de dos kilómetros, ataqué con todas mis fuerzas y saqué cien metros al pelotón. No había ciclistas para controlar la carrera. ¡Vencí! Será por mucho tiempo la etapa en línea más rápida de la historia en una gran Vuelta: 55,176 km/h de media.

Así titulaba *El País* una de las victorias que van a quedar para los anales del ciclismo:

«El cierzo lanza al pelotón»

Puedes leer el artículo completo de Carlos Arribas con ayuda de este código QR:

6. El maillot amarillo
nunca viene solo

Cuando, tras un largo y sinuoso camino, alcanzas tu objetivo, debes armarte de valor para no decepcionarte con lo que te puedas encontrar.

El año 2002 fue importante. La temporada precedente me había ratificado como ciclista del Tour. Situarse entre los cinco primeros en tu primera participación es diferencial. Me preparé sin contratiempos. Un invierno tranquilo, con homenajes de peñas, clubs y sociedades gastronómicas. Estas últimas son las que más celebraciones promueven. En el País Vasco, los *txokos* están compuestos por un grupo de socios que abonan una cuota. Sienten afinidad por un determinado deporte, *hobby* o actividad, pertenecen a una misma cuadrilla... Los locales se utilizan para reuniones alrededor de la gastronomía. Salvo los productos que se llevan para guisar, el resto, desde bebidas, instrumentos de cocina, condimentos como aceite, sal, vinagre, etc., se encuentran a disposición. Debe apuntarse cuántas personas acuden, qué se ha utilizado y, de forma honesta, pagar en base a los precios marcados. Nadie controla. Puedes disfrutar con amigos, familia, o con quien quieras. Los socios confían en que cada uno cumple su parte del compromiso. Desde tiempos inmemoriales muestran una sana gestión por hábitos.

La honestidad es parte del modelo de dirección por hábitos que propone Javier Fernández Aguado, consistente en poner los valores en acción: trabajadores, socios, deportistas y directivos han de asumir los valores de la organización, desarrollando costumbres operativas que permanezcan. Fernández Aguado asegura que la presencia de una estrategia de gobierno por hábitos pretende que las personas quieran hacer lo que deben hacer de forma natural, sin que suponga un esfuerzo añadido, puesto que el marco en el que se evalúa la pertinencia de cada acto es el sistema de valores que se posee. Indica que poner en marcha este proceso de gestión por hábitos no es una opción, sino una exigencia ineludible de las organizaciones que quieran sobrevivir en el futuro, manteniendo e incrementando sus ventajas competitivas. Tanto en el deporte como en la vida en general, la gestión por hábitos es cardinal para posibilitar el éxito.

La temporada arrancó con buenas vibraciones. Empezamos con una concentración de puesta en marcha. Me sentía maduro, seguro. Formaba parte de los elegidos. Los meses de frío quedaron atrás y diseñé mi preparación específica hacia el Tour en abril. Puse en marcha la maquinaria para que nada fallase. Disponía de grandes profesionales dentro del equipo que me apoyaban.

Manolo Sainz me propuso el Tour y la Vuelta. Me centré en el primero. Después vería cómo afrontaba el segundo objetivo. Beloki y yo resaltábamos. Nuestra relación era excelente, pero nos observábamos de reojo buscando la oportunidad de marcar territorio. Tras el pódium de Beloki el año anterior, yo no me fiaba de que Manolo confiase en esa carrera en los dos. Opté por unos esforzados meses de mayo y junio y llegar al Tour de Francia en el mejor estado de forma posible.

Ningún contratiempo, la preparación perfecta. Manolo nos dividió en dos bloques, uno liderado por Beloki y el otro por mí. Me correspondió correr en competiciones de Francia y Alemania, donde coincidiría con Lance Armstrong y Jan Ullrich. Beloki se quedaría en competiciones españolas.

La primera carrera fue la Midi Libre. Ganaban quienes luego triunfarían en el Tour. Miguel Induráin lo logró en dos o tres ocasiones y me ilusionaba emular a «Miguelón». La puesta a punto de Lance Armstrong comenzaría allí. Le gustaba ganar. Iniciamos con una contrarreloj. Tanto Armstrong como yo éramos candidatos. Casi solo se hablaba de los dos. Y eso con lo poco que les gusta a los franceses que ciclistas foráneos copen las portadas.

Hacía calor. Venía de haber trabajado duro y era mi especialidad. Armstrong fue el último en salir. Corrí una primera parte muy buena; la segunda se me hizo durísima. No era capaz de concentrarme. La boca se resecaba en aquellos 12 km de esfuerzo intenso con subidas y bajadas. En el último repecho saqué todo lo que llevaba dentro con un pedaleo forzado. Llegué a meta. ¡Mejor tiempo!

Faltaba Armstrong. Saqué doce segundos al que entonces era el ciclista más mediático del planeta. No le sentó bien. Nosotros éramos un equipo al que Armstrong temía. Éramos candidatos un año más a destronar su hegemonía. No iba a permitirlo. Él era primero a cualquier precio. Le gustaba destacar. Jugaba con el factor psicológico y seguramente pensaba que si triunfaba en esa carrera antes de comenzar el Tour nos sometería mentalmente. El segundo puesto no estaba en sus planes. Al llegar a la meta, bramó: «*Fucked you!*», mientras le lanzaba con fuerza la bicicleta al mecánico antes de entrar en su caravana.

La tercera etapa acabaría en alto, en la mítica subida, corta pero dura, de Sète, ciudad de la costa de Francia, de largas playas y fuerte viento. Armstrong se presentó en la salida con mirada desafiante.

Controlamos la carrera y nos presentamos el pelotón frente a ese repecho final. Ese día lo tenía Armstrong marcado en su calendario para su revancha. Así fue. Demasiado explosiva para mí, me arrebató el maillot. Siguió con su táctica de cara de pocos amigos y gélidos saludos.

Llegamos a la última etapa, en un puerto que se adaptaba bien a mis posibilidades. Íbamos dos ciclistas del ONCE-Eroski detrás de él en la general a poco tiempo y estábamos en forma. Planteamos batalla para destronarlo. Con el equipo a mi disposición, yo sería el último en atacar, después de varios derramajes de mis compañeros. Lance se quedó solo a falta de cinco kilómetros, mientras que nosotros teníamos a tres ciclistas dispuestos a ponérselo difícil. Los ataques se seguían, hasta que me tocó a mí. Armstrong salió rápidamente. Hizo algo que no me esperaba: comenzó a insultarme: *«¡Cabrón!, no vais a conseguir nada».*

No daba crédito. Cuanto más lo repetía, yo más apretaba y él más me increpaba. Esa forma de actuar era indigna. Había perdido su deportividad.

No conseguimos descolgarlo y arrebatarle el maillot. Segundo y tercero en la general, así como la clasificación por equipos era un gran resultado para desembarcar con moral alta en el Tour. Nos dirigimos al pódium, pero ¡no pudimos incorporarnos!

El organizador nos indicó que Lance Armstrong había dicho que si subíamos nosotros él no estaría. ¡Se lo consintieron! En la foto de aquel pódium en 2002 en la Midi Libre solo figura Lance...

No fui del todo consciente en aquel momento de que la forma de actuar de Lance Armstrong estaba orquestada con el fin de dar a sus rivales un golpe psicológico en su andadura hacia la victoria en el siguiente Tour. En todas las organizaciones hay personas sin escrúpulos que utilizan cualquier arma a su alcance para conseguir el objetivo.

En esa ocasión se me derrumbó un mito. El norteamericano era capaz de cualquier cosa. Era arrogante. Más adelante se difundió en la película *El programa* qué había detrás de su trayectoria profesional.

En su guerra psicológica utilizó la humillación, no dejándonos que compartiésemos con él el pódium. Armstrong desconocía, que la humildad es una característica importante de los lideres. Gandhi lo recordó: «*Procura ser tan grande, que todos quieran alcanzarte, y tan humilde que todos quieran estar contigo*». En aquel momento nadie se atrevió a escribir en contra de aquel protervo. Si alguien lo hubiera hecho, el estadounidense se habría vengado. Él asumía que el fin justifica los medios, frase atribuida erróneamente al escritor y personaje relevante de la Italia renacentista, Nicolás Maquiavelo. En realidad fue una glosa escrita por Napoleón en su edición del libro del autor florentino. La expresión resume la falta de ética de numerosas personas e instituciones.

Tras la Midi Libre aprovechamos la cercanía de Alpes y Pirineos para revisar etapas que nos íbamos a encontrar en el Tour. Quedaba un mes y mi siguiente compromiso fue la prestigiosa Vuelta a Alemania. Me ilusionaba. Allí me enfrentaba con Jan Ullrich, principal oponente de Armstrong. Esa competición fue diferente. Jan Ullrich también lo era. Presentaba un semblante serio, pero era afable. Disponía de un potencial terrible y era candidato a ganar cualquier carrera. Acopiaba grandes cualidades. Sin embargo, tras la desaparición del equipo referencia en Alemania, el Telecom, Jan se encontraba en tierra de nadie. Fueron épocas difíciles para él.

En aquella Vuelta a Alemania gané. No hubo ningún enfrentamiento con Jan como en la Midi Libre con Lance. Vencí con autoridad.

Me encontraba en perfectas condiciones para el Tour. Regresé a casa. Solo me quedaba competir en los campeonatos de España en Salamanca y vencí en la especialidad de contrarreloj. Aquel día fui guiado por la persona que cuidaba mis piernas desde la época de Vitalicio, el masajista Gabino Ereñozaga. Ex ciclista profesional (1965-1971), era un hombre entregado: no solo un gran auxiliar, sino que conocía muy bien los entresijos de nuestro deporte. Aquel día yo salí como candidato a ganar el campeonato. Pero pronto todo se torció. No llevaba ni diez kilómetros de contrarreloj cuando sufrí una avería en la bicicleta más un posterior pinchazo. Pensé que tenía la contrarreloj perdida. Aunque los cambios se realizaron rápidamente, perdí cincuenta segundos. Gabino no dejó que me desconcentrara y decidió arreglar la bicicleta que se había averiado para volvérmela a dar. Sería el segundo cambio de bicicleta sumado al pinchazo.

—Igor, sigue solo un momento que voy a arreglar la bici y te la vuelvo a dar.

Yo seguí intentando concentrarme. Se me pasó por la cabeza retirarme, pero no lo hice pensando que me vendría bien de cara al Tour de Francia como test y preparación. Proseguí. Al poco, llegó de nuevo Gabino con el velocípedo arreglado y me propuso el cambio. Qué rapidez y profesionalidad la de Gabino. Una vez permutada y con 30 km por delante de contrarreloj, me dijo:

—¡Ahora vamos a ganar la contrarreloj, Igor!

Me dejé guiar y triunfamos en una etapa que con tantas averías parecía perdida. El 50 % de esta victoria se lo debo a Gabino.

Como afirma Winston Churchill en la película *El instante más oscuro*, en el momento en el que lo visita el entonces monarca británico Jorge VI, en el inicio de la II G. M., para decidir si enviaban una propuesta de paz a Hitler por medio de Mussolini: «*Las naciones que caen luchando vuelven a levantarse y las que se rinden mansamente están acabadas*».

A mi nivel, yo seguí luchando y conseguí la palma. En una semana llegaba el Tour.

Aparecía en las quinielas como candidato a destronar a Armstrong y eso me colocaba en el foco de unos medios que para llenar periódicos precisaban de caras de posibles retadores del liderazgo de Lance. Llegamos tres días antes, con el mismo proceso de todas las Vueltas.

En teoría repetíamos dos jefes de filas: Joseba Beloki y yo. Nos volvíamos a reencontrar después de que Joseba hubiese ejecutado un calendario alternativo. A ambos nos fue bien, aunque en esa ocasión yo sumaba mejores credenciales en cuanto a resultados. Llegó la reunión en la que se examinó la carrera de forma minuciosa. Estábamos expectantes de cómo se iba a plantear el liderazgo de la carrera. Manolo seguía con el mismo planteamiento: Joseba y yo partíamos en igualdad de condiciones dentro de la jerarquía deportiva del ONCE-Eroski.

Tras cuatro etapas e idéntica puesta en escena a la del 2001, con una contrarreloj individual, volví a ser el favorito. ¡Vencimos! Me vestí de líder gracias a un trabajo sensacional de todos en la disciplina que más nos gustaba. ¡Vaya experiencia el vestir de amarillo en la carrera más importante del mundo!

Recuerdo el momento de subir al pódium, con el equipo que me había aupado a alcanzar mi fantasía. Sientes inmenso orgullo. Lo soñado de niño era alcanzado. Todo el mundo te abraza y se siente parte de ti. Ellos lo han dado todo por tu éxito. Ese momento no tiene precio. Es el resultado del trabajo en equipo en mayúsculas. Luego todos se van. Te quedas solo mientras entregan el maillot verde, el blanco y el de la montaña. Allí estas tú, esperando a que llegue ese momento de recibir el añorado maillot. Estás sin nadie que te acompañe. Es el protocolo. Se oye: «*Nouveau maillot jaune?* ¡¡¡Igor González de Galdeano!!!».

Mil veces había fantaseado con escuchar esas palabras. Ese momento es desconcertante. No se oye nada, aunque todo el mundo grite, aunque los focos no dejen de apuntarte y las flashes no den tregua. ¿Qué me estaba pasando? ¿Por qué no era capaz de disfrutar de tanta plenitud?

El Tour lo desborda todo, incluida tu capacidad de asimilar lo que se te viene encima. Yo había sido líder de la Vuelta y había peleado por la victoria casi hasta el último día, pero aquello era una dimensión superior. Todos los aficionados, amigos, familiares... querían estrecharte y los medios ansiaban entrevistarte. Yo había ganado carreras importantes, pero aquello era abrumador. Viví una experiencia inolvidable y no supe disfrutarla por toda esa tensión. ¿No supe o no pude? El saber se relaciona con el conocimiento, el poder con la capacidad. Para disfrutar de un momento así no hay duda de que es necesario estar en disposición de gestionar los condicionantes externos. Esta capacidad te la proporcionan las experiencias. *Teoría sin práctica, utopía; práctica sin teoría, rutina*, me ha trasladado Javier Fernández Aguado cuando hemos conversado sobre liderazgo. Se adquieren conocimientos que, sumados a las vivencias, te capacitan para gestionar, desarrollar o disfrutar de aquello que te sucede. Stephen Covey decía: «*Aprender y no hacer es realmente no aprender. Y saber y no hacer es realmente no saber*».

Siempre he sido una persona de semblante serio y tranquilo, pero los nervios en circunstancias de estrés afloraban. En aquella situación eran invisibles para el exterior, pero más fuertes que nunca desde un punto de vista interno.

Mantuve siete jornadas el maillot amarillo. Fueron días fantásticos y con innumerables experiencias, tanto en el plano colectivo como en el individual. La primera fue cuando llegué a la habitación, que compartía con mi hermano Álvaro. Durante el confinamiento por la pandemia me planteé rodar una película casera sobre lo que sucedió. El título iba a ser *Entre dos camas*. Cuando llegamos al hotel, mi hermano cogió el maillot de líder y me dijo:

—Igor, vamos a poner este maillot entre las dos camas porque este es un momento histórico. ¿Y sabes quiénes han sido los únicos en vivir este momento como hermanos? Miguel Induráin y su hermano Pruden. Nadie más, Igor. Dormiremos así.

Las etapas transcurrieron con tensión, pero con normalidad. Lance Armstrong permanecía al acecho, esperando el error. Cuando llevaba cinco días de líder, afrontábamos una contrarreloj individual. Armstrong podía arrebatar el liderato. Para mantener el maillot necesitaba mucho apoyo. Había dos líderes y ambos íbamos a correr con tan poca diferencia en nuestros horarios de salida que no era posible dar soporte a los dos.

El director tomó la decisión de seguir en la contrarreloj a Joseba Beloki. Técnicamente hablando no hay ningún inconveniente, puesto que cuentas con un segundo director, otro coche, un mecánico estupendo... Mi problema no era técnico, sino emocional. Necesitaba un arbotante para defender el maillot amarillo. Cuando más necesitaba sentirme arropado, el director tomó la decisión de no seguirme. Llevaba quince segundos a Armstrong, el gran favorito.

Afronté la contrarreloj con decisión. Intenté recordar las lecciones de cuando me bloqueé en El Tiemblo. Apoyado por el resto de auxiliares de forma incondicional, mantuve el liderato del Tour. Pero aquel gesto, que cualquiera podría considerar irrelevante, me supuso un desgaste emocional.

Vivía situaciones nuevas y las debía digerir. No contaba con nadie que me facilitase el juzgar objetivamente, apartando de mi cabeza sucesos del entorno que más que ayudar te confunden. No critico a mi director. Él no podía seguir a dos.

Yo pensaba que, al ser el líder del Tour, debía ser yo el elegido. Mucho me costó asumir su decisión.

Cuando braceas en medio de coordenadas de máximo estrés acabas convirtiendo en un drama la toma de decisiones técnicas que vistas desde la experiencia no son tan inexplicables. Aquel día no supe gestionarlo. Me marcó con la intensidad necesaria para que durante los años posteriores se prolongara la autocrítica sobre lo ocurrido y sobre cuál debería haber sido mi reacción. Aquella contrarreloj del Tour se convirtió, junto a la crono de la Vuelta, en parte de mi proceso de crecimiento.

El desgaste emocional iba sumándose al físico. Yo era líder y no llegué a serlo por casualidad. Mi evolución era natural y tenía madera de líder, tanto física como mental. No había duda. Pero la diferencia entre Lance Armstrong y yo era que él contaba con un apoyo mayor para afrontar lo que le sucedía, ayudándole a centrarse en lo realmente importante, sin despistarse en temas superfluos que provocaban que te descentrases y perdieses energías.

La situación la sobrepasé con éxito. Tuve la capacidad de superación, independientemente del estrés provocado, de la sensación de abandono de tu jefe, para aguantar un liderato que *a priori* parecía perdido. Existe una capacidad congénita de soportar situaciones difíciles y superarlas, incluso sin haber sido instruido para sobrellevar esas circunstancias. Las personas contamos con diferentes aptitudes: de liderazgo, empatía, superación, resiliencia, organizativa... En parte son innatas y van selladas en la personalidad. Trabajarlas es necesario para marcar la diferencia entre meras potencialidades y comportamientos consolidados.

El Tour prosiguió. Lance me arrebató el maillot amarillo en la etapa de los Pirineos cuando llegaba cerca de casa. Fue mejor que yo en ese momento y se encauzó hacia su cuarta victoria consecutiva en un Tour. Era muy superior.

Beloki era segundo y yo tercero en la clasificación general hasta la etapa del mítico Mont Ventoux. No lo conocía y me presentaba en una situación de privilegio. Podía optar al pódium en París. En esos días los medios de comunicación criticaron la escasez de ataques que recibía el líder, Lance, por parte de la ONCE-Eroski. Líderes por equipos y en posiciones de privilegio en la clasificación general, según los medios de comunicación, corríamos a defender nuestras posiciones y no a ganar. Intentaban provocar espectáculo. Llegó el día. Comenzamos a ascender el Mont Ventoux. El puerto es duro y no consiente ni un ligero descanso. No quedábamos más de ocho ciclistas en el grupo principal. Yo iba justo y pensaba que era momento de aguantar la situación, ya que tanto Beloki como yo podíamos perder nuestras posiciones frente a otros en la general.

Oigo en la radio:

—¡Beloki, ataca!

Me acerqué y le indiqué:

—¡No, quieto!

Beloki no se movió. A los dos segundos:

—¡Beloki, *mecaguen* la pu... he dicho que ataques!

Quedaban diez kilómetros para coronar. Lance tenía la carrera controlada.

Beloki atacó. Aguanté ese primer envite.

—¡Otra vez, Joseba! ¡Fuerte, que puedes!

Quedé desfondado. No conocía el puerto, el calor era asfixiante y el ritmo superior a mí. Nada más atacar Joseba, Lance arrancó y los dos perdimos el segundo y tercer puestos en la general, aparte de unos cuantos minutos que nos alejaban de la victoria.

Llegué a meta enfadado. ¿Por qué hemos atacado? ¡Hemos provocado nuestro desfallecimiento! ¡Esas embestidas han sido de cara a la galería! Demasiado caras ¿no?

Se acercó Manolo Sainz:

—¡Buen trabajo, chicos!

No pude remediarlo:

—¿Me estás hablando en serio? ¡Es de las peores tácticas que he visto en mi vida, con un resultado desastroso!

Manolo se enfadó. Quiso rebatirme. A su lado, una persona lo tranquilizó. Hubo caras largas en el traslado. La tensión se palpaba. Me duché. Al poco vino Manolo. Reprochó mi berrinche. Justificó su decisión. Yo alegué que bastaba mirar la clasificación para saber si había sido buena. Fue una de las situaciones con más tensión que he vivido con un director. Me prohibió acceder a entrevistas con los medios de comunicación al día siguiente, que era de descanso. Nos limitamos a despedirnos con un ¡adiós!

Me costó dormir. No disponía de herramientas para gestionar esas situaciones. En 24 h todo se solucionó con un abrazo, pero la tirantez se siguió acumulando ante nuevas circunstancias extra competitivas que limitaban mi capacidad de concentración.

Cabe discutir si el pinganillo es un adelanto para las competiciones o las paraliza, haciendo de los ciclistas personajes de videojuego que se mueve en función de las órdenes recibidas. Es una discusión latente. Podemos hablar de ser proactivo o reactivo: si tienes la capacidad de decidir en base a la táctica planteada antes de salir, o simplemente te dejas llevar por lo que el director mande en cada momento. Grandes autores como Stephen Covey impulsan la proactividad. Ese autor norteamericano afirma que es un concepto muy común en los textos de dirección de empresas. No significa solo tomar la iniciativa. Significa que, como seres humanos, somos responsables de nuestra propia vida. Nuestra conducta es en función de nuestras decisiones y no de nuestras condiciones. Tenemos la iniciativa y la responsabilidad de que las cosas sucedan.

Muchos directores creen que el pinganillo es necesario y que hay mucho en juego como para dejarle tomar una decisión a un ciclista. Hay que buscar un punto intermedio. El ciclista debe saber y sentir la capacidad de tomar decisiones; es parte de su trabajo. Si limitamos la creatividad, en el momento en que falla el pinganillo con un ciclista que se ha limitado a obedecer órdenes, el desenlace queda pendiente de un hilo. Este ciclista pasa a ser reactivo: nuestra voluntad está basada en el condicionamiento. Estas personas se ven afectadas por su ambiente físico, ambiente social. Esperan a que alguien les dé la respuesta.

El pinganillo se asemeja a una organización con una única voz de mando. Hay directivos que quieren que todas las decisiones pasen por su análisis y ratificación. Hablamos de estructuras fuertemente jerarquizadas. Esta forma de gestión estrangula y genera profesionales sin capacidad de decisión, promoviendo lentitud en las decisiones.

Motivar, comunicar y trasmitir a la vez que escuchar deben ser las funciones de un líder... y del pinganillo.

Acabó el Tour. Terminé quinto en la general, habiendo sido líder durante siete días y ganando por equipos la clasificación. Llegamos a casa y comenzaron los homenajes. La Vuelta a España estaba cerca. Si la hacía bien tendría el pase al Mundial de Bélgica. Si concluía bien la Vuelta a España, era candidato a la victoria.

Me puse de líder en la Vuelta desde el primer día, gracias a nuestra especialidad: la contrarreloj por equipos. Siguió por buen camino, hasta que una caída llegando a Gijón provocó mi retirada. En el hospital me informaron de que tenía una posible rotura del radio del codo derecho. No se veía bien por la inflamación. Me dolía. Parecía que mi temporada se había terminado.

Decidí viajar unos días a la costa cantábrica con Nerea. Con mi escayola poco podía hacer. El tiempo era bueno. A los tres días tenía mejor el brazo. Repetí la placa. No había rotura. La inflamación provocaba el pinzamiento de un nervio. Informé a mi director. Replicó:

—¿Te animas a hacer la contrarreloj del Mundial? Te quedan dos semanas. Estás a tiempo. Hablo con el seleccionador.

Me levanté de hamaca en la playa y le comenté a mi mujer:

—Volvemos a Vitoria. Voy a intentar llegar bien al Mundial.

Un líder debe ser flexible, permanecer abierto al cambio. Mi liderazgo dentro del equipo y la responsabilidad me impulsaron a afrontar el reto que se me planteaba en una situación en la que lo más fácil hubiese sido dar un paso atrás. Peter Drucker afirma que *los líderes que trabajan más eficazmente nunca dicen «yo».* Y eso no es porque se hayan entrenado para no decir «yo». Es porque no piensan en «yo». Piensan en «nosotros» y piensan en «equipo». Entienden que su trabajo es hacer que el equipo funcione. Aceptan la responsabilidad y no la eluden, pero saben que «nosotros» somos los que obtenemos el éxito. Eso es lo que crea confianza.

Había entrenado duro y merecía la pena intentarlo. Coloqué un manillar plano, donde solo apoyaba el antebrazo y me preparé durante esas dos semanas para disputar la crono de cincuenta kilómetros. En esos días Nerea me comunicó que estaba embarazada. ¡Nahia, mi hija mayor, estaba en camino!

Todo preparado. Contaba con el director perfecto. ¡A por todas!

—¡Igor, llevas el mejor tiempo! ¡Vamos! Sube piñón, baja otro, sube, derecha, levántate un poco.

Las órdenes se sucedían y cada vez iba más rápido, pero de repente dejé de oír a Manolo. La radio se quedó sin pila y yo sin indicaciones. Carecía de referencias en el momento más importante, los últimos quince kilómetros. Finalmente llegué tercero: medalla de bronce en un Mundial. Me quedé con la pena de haberlo hecho mejor. Fueron pocos segundos de diferencia.

En esta experiencia me quedo con una frase que oí en una ocasión: *la dirección es más importante que la velocidad.* Hay muchos que van muy rápido hacia ningún lado. Una vez que dejé de comunicar con mi director, tuve la sensación de ir raudo pero sin control. Una buena dirección marca el camino y es mucho más que un buen resultado.

El año 2002 fue temporada de éxito. Alcancé el sueño de ser maillot amarillo, el mayor logro de mi carrera deportiva.

El 2003 sería el años del nacimiento de mi primera hija, Nahia, el primer tesoro que marcaría mi vida y el reto más importante al que cualquiera se enfrenta.

7. La fuerza de la confianza

La confianza es ese gran valor que se guarda en bote pequeño y que si no llevas siempre encima se acaba perdiendo.

Tras un 2002 de éxito, mi popularidad era notable. Punto cardinal era haberme convertido en uno de los diez ciclistas españoles en la historia del Tour que había portado el maillot amarillo. Más tarde lo vestirían dos más: Oscar Pereiro (2007) y Carlos Sastre (2008).

El 2003 comenzó con altísimas pretensiones. Mis pasos eran firmes. Quería subirme al pódium del Tour de Francia tras un bienio con brillantes actuaciones y haber sido quinto en la general. Con óptima preparación, planteé mi asalto como la oportunidad de consagración pretendiendo ser un hueso duro de roer para Lance Armstrong y Jan Ullrich.

Me preparé de forma semejante a los años precedentes, cambiando únicamente la participación de la Midi Libre por la Bicicleta vasca que se realizaba en la localidad guipuzcoana de Éibar, cuna de la industria armera a mediados de los años 50. Aquella ciudad se transformó con el paso de los años en el epicentro de la fabricación de bicicletas. Muy cerca de allí, en Mallabia, se ubica la prestigiosa Orbea, con la que después tuve gran relación de esponsorización cuando fui director general del Euskaltel-Euskadi.

Llegó mayo. La relación con Beloki seguía siendo fenomenal. Manteníamos una competitividad positiva por el liderazgo en la mejor carrera del mundo. Coincidimos en la de la bicicleta vasca. Disputamos la carrera al máximo, saliendo igualmente reforzados.

Después me dirigí a la Vuelta a Alemania. Allí me encontré nuevamente con Jan Ullrich, así como con Alexander Vinocourov, de origen kazajo, altísimamente competitivo. En años posteriores sería muy mediático. Me mostré intratable en la primera etapa de montaña, dejando ganar a mi compañero de equipo, el portugués José Azebedo, esperando a la disputa de la contrarreloj, mi especialidad.

Al día siguiente, como candidato a ganarla en la categoría individual, calenté en el rodillo, visualizando una y otra vez el recorrido. Una manera de concentrarme era mirar al asfalto y ver cómo iban pasando las líneas discontinuas de la carretera. Una contrarreloj requiere de un inmenso control tanto mental como físico. La capacidad de mantener un esfuerzo máximo sostenido, fiscalizando todo lo que tienes que realizar, marca la diferencia entre un gran contrarrelojista y otro que no lo es tanto.

Muchos se preguntan el porqué de las malas contrarrelojes de un escalador. Este se rige más por lo que llamamos sensaciones. Tiene cambios de ritmo, un talento natural para la subida, peso ligero. Según se aproxima a la cima, su motivación es altísima y su mente conecta con la tarea. Confianza y motivación unidas a «es mi terreno» inducen a que saque lo mejor de sí mismo y la aprensión desaparezca. ¿Qué sucede en la contrarreloj? No está en su área de confort y brota el miedo. Un miedo que, sin control, bloquea la mente, y en consecuencia el cuerpo. No se diluye completamente la confianza, pero hay escisiones que no dejan aportar lo mejor de uno mismo. Entran otros factores, como la aerodinámica, el peso y la potencia. En mi opinión, el principal elemento que influye en una mala actuación es el temor que provoca una especialidad que no dominas: precisas de una unión mente-cuerpo, junto a una concentración excepcional que al escalador le cuesta más.

Los asesores, para aumentar sus resultados en esa disciplina, ponen sus conocimientos en la mejora del material, la aerodinámica y el entrenamiento. Quizá obvian la importancia de la preparación psicológica y la toma de consciencia de la situación en su globalidad: confianza-motivación-cuerpo-mente.

En el deporte sucede algo semejante a lo que acaece en la empresa, y así lo analizan José Aguilar y Javier Fernández Aguado en *La soledad del directivo*: «*En las últimas décadas han sido pródigas en el desarrollo, implantación de procedimientos de medición de diversos parámetros en la actividad mercantil y financiera. Hoy en día contamos con un amplio arsenal de herramientas para identificar las variables que afectan a nuestro negocio y para realizar la correspondiente métrica*». Introduciendo un pequeño cambio en la frase anterior puede aseverarse que: Hoy en día contamos con un amplio arsenal de herramientas para identificar las variables que afectan a nuestros deportistas y para realizar la correspondiente métrica.

Entre los factores que influyen se suele olvidar el control mental. El ser humano es una máquina perfectamente diseñada que se diferencia de las construidas por él en que no genera de forma sistemática un número determinado de piezas, letras o tornillos. El humano es un cúmulo de conexiones biológicas, difíciles de evaluar.

Existen entrenadores, fisiólogos, médicos, biomecánicos y otros expertos que ayudan, en base a la ciencia, a cuantificar y optimizar el rendimiento del deportista. Es fundamental, pero la labor del *coach* como acompañamiento y fortalecimiento es imprescindible. José Aguilar y Javier Fernández Aguado prosiguen, en su análisis de los directivos y de la importancia del acompañamiento por un experto, reseñando que los hábitos que el *coach* ha de inducir a lograr no son los mismos que él ha asumido, sino aquellos que el *coach*ee precisa para desarrollar su labor de gobierno en sus circunstancias concretas de espacio y tiempo (...). El timón de la nave ha de llevarlo el *coch*ee y la función del *coach* habrá de ser la del vigía que orienta y señala, pero no la de quien pretende forzar la navegación.

El impulso del *coach* contribuye a modificar hábitos con los que provocas un cambio de actitud en la persona, influyendo de forma muy positiva en las relaciones personales y profesionales. El entorno pronto percibe un cambio en la forma de interactuar, relacionarse o afrontar situaciones personales y profesionales.

Antes de salir en la contrarreloj, ilustré a mi director:

—Manolo, sabes que tengo el hábito de mirar a las líneas del asfalto para concentrarme en el esfuerzo. Avísame siempre de las curvas y de cualquier cosa por el pinganillo.

—¡Hecho! —replicó.

La contrarreloj no fue lo bien que yo anticipé. Aunque iba primero a falta de cinco kilómetros, la victoria se iba a jugar por segundos. El director gritaba:

—¡Mete la cabeza y a tope! ¡Nos la vamos a jugar por segundos!

Incliné la cabeza aún más, para mejorar la aerodinámica.

—¡Vamos, Igor! ¡Más, más! —bramaba Manolo.

Me concentré en la línea de la izquierda, pegado a la valla que marcaban los últimos 3 km. Observé al asfalto, quise percibir esa sensación de velocidad que me aportase mayor motivación.

La televisión venía justo detrás. Manolo Sainz me iba avisando de las curvas y de cualquier peligro para que pudiese ir concentrado. Llegó el momento fatídico. A menos de tres kilómetros, las vallas se estrecharon un metro. La moto de la televisión iba justo detrás mío, mi director perdió la visión sobre mí y acaeció el accidente. Sin ver la valla que se estrechaba hacia mí, golpeé de frente con ella a más de 60 km/hora.

Fue terrible. Me levanté. La bici estaba destrozada. Manolo clamó:

—¡Sube a la de repuesto, rápido!

Intenté montarme. ¡Imposible con el hombro macilento, la rodilla inflamada y la cabeza sangrando! Me subieron a la ambulancia. Desperté en el hospital. Al día siguiente me trasladaron en un avión privado a Vitoria con la esperanza de que el diagnóstico no fuese grave y pudiese recuperarme. Quedaban veinte días de Tour.

—Tranquilo, seguro que no es para tanto. Vamos a estar con el mejor médico, Mikel Sánchez, y él nos dirá qué se puede hacer —repetía mi director.

Mikel Sánchez, traumatólogo, fue la persona que me acompañó en las distintas lesiones sufridas a lo largo de mi trayectoria. Médico de grandes personalidades, como el emérito rey Juan Carlos I o Rafa Nadal, es un profesional con una calidad humana extraordinaria.

En Vitoria se confirmaron los peores presagios. Las lesiones eran gravísimas. Mi sueño de asaltar el Tour se desvaneció. Rotura de coracoides, acromion y clavícula del hombro derecho. A eso se sumaba un derrame en la parte frontal que no me consentía incorporarme. Lloré mucho. Sentí impotencia. Todo marchaba perfectamente hacia un Tour de Francia importante para mí, y aquella valla no solo eliminaba cualquier posibilidad de disputarlo, sino que también condicionaría mi futuro esa temporada. Un duro golpe.

Había regresado de Alemania sin un diagnóstico claro, incluso con la negligencia de volar sufriendo un hematoma en el cerebro. Supe después que no debería haber sido así.

La comunicación es esencial. Stephen Covey, en su «quinto hábito», *procure primero comprender y, después, ser comprendido,* habla de la relevancia de la información en las organizaciones, y sobre todo de la capacidad de primero escuchar para comprender. No hubo capacidad de atender, parapetados tras una idea preconcebida: la caída no era para tanto, podía recuperarme rápido.

Un monólogo humorístico de Leo Harlem subraya la relevancia de la comunicación. Cuenta que fue por primera vez al gimnasio con ropa que, como con chispa describe, le quedaba apretada. Su entrenador personal le indicó que se subiese primero a la bicicleta quince minutos y que luego le detallaría más.

Cuando su entrenador retornó pasado el cuarto de hora, no había dado ni una pedalada. El instructor le cuestionó:

—¿Como no pedaleas?

Contestó Leo Harlem:

—Tú solo me has mandado que me suba en la bici quince segundos, no que pedalee.

La caída en Alemania fue un 11 de junio. Solo me quedaba la opción de recuperarme de cara a la Vuelta a España que comenzaría a finales de agosto. Me operaron y estuve un mes parado. Nahia vio la luz el 17 de junio. Cuando ves a tu hija venir al mundo te das cuenta de lo que es realmente importante. Te cambia la perspectiva. Me impulsó a dejar de lado mi súper yo, mi ego como deportista, para pasar a ser todo por y para ella. Fue un paso significativo en mi sueño de crear una familia junto a Nerea.

Inicialmente los dolores fueron intensos y no lograba conciliar el sueño. Pasados los primeros diez días tras la operación comencé a sentirme mejor. El método que tenía Mikel Sánchez y su equipo, el tratamiento con plasma, facilitó una recuperación espectacular. Logré ponerme a punto en cuatro semanas. Solo pensaba en curarme y montar en la bicicleta.

Todavía con dolores, allí estaba preparado para rodar, aún con movilidad reducida del hombro. Un 11 de julio arranqué. Había perdido tono muscular, condición física y el nivel anterior. Debía prepararme al 100 % para afrontar la Vuelta a España como líder.

Debuté en la competición preparatoria, un 6 de agosto, en la Vuelta a Burgos. Quedé sexto. Aunque no estaba en mi mejor momento, esa actuación me facilitó el ser el único líder del equipo en la Vuelta a España de ese año.

Comenzó la competición. Ganamos el primer día la contrarreloj por equipos. Fui clave en la victoria. No podía empezar mejor. Pero en ese momento llegó la noticia de que la ONCE había decidido abandonar el patrocinio. Debíamos buscarnos nuevo equipo. Se extendió el nerviosismo. Esa situación de incertidumbre nos podía desestabilizar. Nuestro mánager, Manolo Sainz, nos tranquilizó, asegurando que estaban en busca de uno nuevo.

EL maillot de líder se iba pasando entre los compañeros en las primeras etapas, ya que todos lo merecíamos. Según el puesto en la etapa, el maillot lo llevaba uno u otro. Como he comentado, el equipo ONCE no solo estaba integrado por talentosos ciclistas, sino que se incorporaba a otros que tuviesen capacidad de trabajar en equipo. Más que buscar cada uno su brillo personal nos unimos más.

Qué importante es contar con personas que tengan valores y hábitos que hagan que no solo funcione la organización en momentos de bonanza económica y de negocio, sino que cuando las cosas se tornan complicadas impulsen a emerger de una situación pantanosa.

En una de las etapas se produjo una escapada que complicaría: Isidro Nozal, cántabro, logró ese día el liderato. Él no contaba para la general en aquel momento, pero se consintió una fuga que a la postre presentaría a Isidro como un candidato más a ganar. Fue justo antes de afrontar las etapas pirenaicas. Isidro era líder de la carrera, con una diferencia considerable sobre el resto. Pero el director no modificó su parecer. Yo era la apuesta y él debía ayudarme. De aquellas etapas de Pirineos salimos reforzados. Isidro primero en la general; y yo, segundo. Isidro empezó a mostrarse como capaz de hacer más de lo que todos y él mismo esperaban.

Llegamos a la contrarreloj en Zaragoza. Era el momento de dar mi golpe de mando. Yo estaba bien, pero no súper, e Isidro Nozal seguía firme. No conseguí sacar lo mejor de mí y quedé a más de un minuto de mi compañero. La segunda contrarreloj fue una repetición de la precedente. Roberto Heras, ciclista de nivel internacional y ganador de cuatro Vueltas, era el más temido. Escalador puro, con dotes para la contrarreloj, nos iba a la zaga y contaba con un gran equipo.

Nos mantuvimos firmes en la general. Isidro era el líder con más de dos segundos sobre Roberto Heras. Yo era tercero, con cuarenta segundos de ventaja sobre el entonces joven Alejandro Valverde. La carrera iba de cara. Nos encontrábamos en un gran nivel, pero los últimos días de la Vuelta se hicieron duros. Tanto Roberto Heras como Alejandro Valverde acechaban.

Llegó una cronoescalada. Se adaptaba mejor a nuestros rivales, pero creíamos que con el tiempo que llevábamos de ventaja sería suficiente. Los nervios estaban a flor de piel. Nos jugábamos el pódium de la Vuelta y no debíamos fallar. Isidro Nozal perdió los nervios una hora antes de comenzar. El miedo al fracaso se presentó en la puerta y le bloqueó. Reviví la situación de la Vuelta a España del 99. Estábamos solos. Yo compartía la habitación con Marcos Serrano, también experimentado. Oímos un lamento como de desesperación. Encontramos a Isidro en la habitación paredaña derrumbado por la presión. Era aplaudido por la afición. La atención mediática se había centrado en él y no estaba capacitado para soportarla.

Lamentablemente, con más de dos minutos de diferencia, perdió el liderato el último día. Un golpe fuerte. No tenía herramientas para gestionar el estrés. Yo tampoco disfruté de una gran jornada y Alejandro Valverde me privó de cajón en la general. Quedé cuarto. Es la primera ocasión en la que tuve la sensación de haber perdido. Mi cuarto puesto tras haber estado toda la Vuelta a España entre los tres primeros de la general me provocó una sensación de vacío. La gente nos miraba, como diciendo: ¡Ahí van los perdedores! ¡Qué pena!

Al concluir la Vuelta me subí al camión del equipo donde se guardaba el material. Allí brillaban las bicicletas Giant que llevábamos en aquel momento. En una de color amarillo ponía Igor González de Galdeano. El equipo esperaba que yo ganase aquella Vuelta a España y estaba todo preparado para el añorado momento que nunca llegó. Todavía contemplo esa imagen a cámara lenta. Es difícil expresar lo que sentí.

Tras la terrible caída en Alemania, trabajé durante un mes de forma incansable para llegar de la mejor manera a la Vuelta a España. Sumaron cuatro semanas de sacrificios, disciplina y mucha brega. Nadie pronunció un «buen trabajo» o «se ha dado todo», «hemos estado bien». Una frase, en fin, gratificante. Las expectativas eran tan altas que se olvidó que detrás de un objetivo no cumplido hay personas que han luchado con arrojo. En la derrota muchos pierden la humanidad que muestran ante la victoria o consecución del objetivo marcado. Esa comprensión me hubiera venido de perlas en esos momentos.

Esa noche tuvimos la despedida de la ONCE. Acababa el ciclo de un gran equipo que generó tantas alegrías. No conseguimos ganar la Vuelta a España para despedir al patrocinador como se merecía.

Ese invierno fue movido. Manolo Sainz nos aseguró que conseguiría un patrocinador y que contaba con nosotros. Surgieron diferentes propuestas, entre ellas una que se hacía llamar STAYER. Con sede en Italia, se interesó por todos. Un mánager italiano trasladaba la presunta garantía de un patrocinador fuerte.

El organismo que rige el ciclismo mundial, la Unión Ciclista Internacional, obligaba a cumplir unos plazos de inscripción. El equipo ONCE se encontraba en la primera categoría de la liga internacional, la UCI Pro Tour de entonces (ahora llamada World Tour), y si quería mantenerse en esa categoría, la norma señalaba que debía mantener el 50 % + 1 de los ciclistas que conformaban el equipo.

STAYER nos llamaba mientras que al alimón Manolo solicitaba paciencia, confirmándonos que estaba a punto de cerrar un patrocinador. Los nervios estaban a flor de piel. La oferta de STAYER a mi hermano y a mí era tentadora. Duplicaba la de Manolo. Precisamente cuando iba a reunirme con STAYER, Manolo me telefoneó:

–Igor, ven, tengo un patrocinador y quiero cerrar un acuerdo con vosotros.

Me ofrecía un buen contrato. El equipo nuevo, el doble. Analicé la situación. Había estado con Manolo un trienio. Era un profesional riguroso. Valoraba y cuidaba a sus deportistas. ¿Por qué me ofrecía el otro equipo el doble? ¿Lo valía? ¿Cuál era mi caché?

Aunque representaba la mitad de lo que nos prometían los nuevos, mi hermano Álvaro y yo firmamos sin conocer al patrocinador, confiando en Manolo Sainz. Esta decisión fue tomada por honestidad. Los principios en ocasiones nos llevan a tomar la mejor opción, que no tiene por qué ser la más ventajosa. Ser leal a tus principios traslada tranquilidad interna. La honradez fue nuestro mejor aliado.

Otros se dejaron llevar por las desorbitadas promesas del nuevo espónsor, así como por un asesoramiento interesado de sus mánagers, resultando todo un engaño. STAYER era una empresa ficticia creada para sacar adelante un proyecto fantasma. Aquella mentira arrastró a muchos al abismo, dividió al equipo y quebró el futuro de grandes ciclistas, que tuvieron que buscar al cabo donde las ofertas eran claramente exiguas.

Muchos habían abandonado a Manolo. Fue un camino sin retorno. Manolo anunció el patrocinador: Liberty Seguros. Una gran compañía desembarcaba para cinco años.

Para Lenin la confianza era buena, pero el control aún mejor. Maquiavelo se planteaba ser amado o temido y optaba por lo segundo. Enrique Sueiro, asesor de comunicación directiva y médica, proporciona claves de la importancia de la confianza en las organizaciones: *la confianza se merece y no se impone, es a la vez proceso y resultado, puede ganarse con tiempo y esfuerzo... y perderse en un minuto. Sus efectos vigorizan las relaciones personales, laborales e institucionales. Entre los sumandos clave para conseguir el mejor resultado, dos: comunicación y coherencia.*

La confianza dentro de una organización se inspira y se merece, no se impone. Con frecuencia, la necesidad de explicitarla revela carencias en su ejecución. La insistencia en predicar lo que no se vive constituye un síntoma de esquizofrenia corporativa. La confianza perdida o nunca conseguida tiene una solución quirúrgica reparadora cuyos efectos secundarios apenas ensombrecen un futuro luminoso. Pedir perdón. Si somos culpables, es lo justo. Si siempre somos completamente inocentes... hemos de hacérnoslo mirar.

He conocido personas que se sienten completamente inocentes ante cualquier encrucijada. Tras el engaño de STAYER, algunos ciclistas pensaron que la culpa la teníamos quienes habíamos optado por confiar en Manolo. Razonaron, con el bisbiseo inestimable de quienes buscaban una mayor mordida en el contrato, que por no haber ido todos a una quienes habíamos escogido la mejor opción habíamos traicionado al resto.

El propio futuro es responsabilidad de uno mismo. Si el asesor que has seleccionado no te guía en la dirección correcta, nadie tiene la culpa más que él... y tú. Descargar la propia responsabilidad en terceros es un amargo fruto de la cobardía.

¡Tú siempre has tenido mucha suerte!, ¡tienes una flor en el c.! o ¡por tu culpa estoy en esta situación! son frases que pronuncian quienes no se atreven a mirarse al espejo tras las decisiones desacertadas. Como ironiza Enrique Sueiro, «...hacéoslo mirar».

8. La soledad del deportista

En la retirada de un deportista profesional, el pasado se mira en compañía; el futuro, en soledad.

Como ya he mencionado, en 1996 Miguel Induráin abandonó de forma inesperada el ciclismo durante la Vuelta a España. Carlos Arribas, del diario *El País*, resumió: «*Induráin dice adiós, solo y cansado*. La decisión de renunciar es ardua. ¡No es sencillo parar a tiempo!». El día en que vi a Induráin bajarse de la bici en una carretera asturiana tuve un presagio. Cuando se retira ante tus ojos un deportista con una trayectoria de éxito brota necesariamente un proceso de reflexión.

Durante aquella Vuelta a España de frío y lluvia, vapuleados por una gota fría que no daba tregua, coincidí mucho con Miguel en el pelotón. Siempre muy abrigado, no disfrutó en aquella competición. Le rondaban ideas por la cabeza, más allá del inconveniente meteorológico. Miguel, con una envergadura que le hacía parecer de otro planeta, se retiró de sopetón al llegar a Asturias. Alguien paciente, cerebral y tranquilo, optó por un sendero aparentemente drástico cuando los focos estaban sobre él. No fue una pataleta, sino algo meditado.

La temporada de 2004 comenzó con ilusiones, retos y nuevo equipo. Se habían incorporado, entre otros, Roberto Heras, ganador de grandes Vueltas, que venía a liderar. Mis resultados seguían siendo buenos, pero no disfrutaba de igual manera. Me empecé a formular preguntas. Además, la familia con la nueva miembro, Nahia, hacía que salir de casa a competir se tornase más duro.

El ciclismo era una parte relevante de mi existencia, pero tenía claro que llegaría un día en el que abandonaría para adentrarme en otros mundos. Me faltaban dos años para acabar la carrera universitaria de Ciencias de la Educación y del Deporte. Mi existencia posterior también sería motivante.

Rafa Nadal afirma que la actitud es fundamental en la vida. Uno se puede venir abajo al perder un partido o muy arriba al ganarlo. El equilibrio es la base. Nada es para siempre. Aferrarte a tu declive, por miedo al día después, es un error. No hay que esperar a que cuando llames a la puerta te recusen con un: ¡Completo!

El 2004 transcurrió sin pena ni gloria. Me centré en ayudar al equipo. Desatendí la presión por la victoria. El equipo proponía resultados y medios que yo rehuía. No disfruté en la bicicleta. Mi mente me reclamaba afrontar el día después de una vida repleta de experiencias, aprendizajes y éxitos.

Manolo me planteó como primer objetivo la París Niza, en el mes de marzo. Me preparé a fondo, pero no me encontraba anímicamente bien. Empecé a sentir miedo a afrontar una competición en la que no me veía en mi mejor forma. La carrera arrancó rápida. Manolo me ordenó permanecer al final, como líder. Hacía frío. No solo no cumplí las indicaciones, sino que me incorporé a la escapada de salida con otros dos.

El temor suele concebir dos consecuencias principales. Puede provocar una indecisión que a muchos les hace abandonar, enmascarados en una, por ejemplo, imaginaria lesión. Brota de forma inconsciente. Yo le denomino huir hacia atrás, ya que el deportista se detiene, se para y no supera esa situación.

La segunda –mi caso– es afrontar la competición de forma diferente a la que el equipo espera. Justificas así que no puedes estar en un momento importante de la carrera por haber estado en otro, alegando que esa situación supone un gran desgaste. Yo lo califico como escabullirse hacia adelante. Ambas evasiones suponen actuar como «pollo sin cabeza». En medio se experimentan otras fases, que se resumen en no afrontar el objetivo por desasosiego ante un potencial fracaso. Solicité ayuda a un psicólogo para buscar una salida a esa turbación que, sin llegar a paralizarme, me impulsaba a desatender las instrucciones del director.

Se multiplicaron las interpelaciones íntimas: ¿quizás ha llegado el momento de abandonar?, ¿he perdido la fuerza de afrontar los objetivos como líder?... Ninguna certeza. Aparqué la decisión, pues me quedaba otro año de contrato

Transité de líder a gregario. Eso sí, imprescindible para mi equipo. Roberto Heras venía para liderar y nos podía generar victorias.

Recuerdo una escena de la película *Buscando a Bobby Fisher*. Josh, el protagonista, a causa de la presión ejercida por su profesor, quien pretende enseñar al niño a ser tan agresivo como el famoso ajedrecista Bobby Fisher, empieza a sentir miedo. Duda entonces sobre si intentar ser el mejor es adecuado, le confía a su padre: «*Quizás ser el primero no sea tan bueno, porque si pierdes fracasas. Pero si no lo eres, no triunfas y no pasa nada*».

Identifica bien lo que yo sentía. Tomé la decisión de no ser el referente. La situación de gregario me resultaba placentera. Se desvanecieron los apremios y los focos. Analizado con perspectiva, no actué de la mejor forma. No supe gestionar el miedo, mis emociones. No contaba con herramientas que me ayudasen a soslayar aquellos obstáculos.

Escribió Nelson Mandela: «*Aprendí que el coraje no era la ausencia del miedo, sino el triunfo sobre él. El valiente no es quien no siente miedo, sino aquel que conquista ese miedo*». A mí, desafortunadamente, el recelo me agarrotaba.

Tras la París Niza concatené una racha de malos resultados. El equipo fracasó en el Tour. Estuvimos muy por debajo de las expectativas. Pasé de hallarme entre los mejores, a llegar los días de alta montaña a más de treinta minutos tras el primer clasificado. No había una respuesta clara al mal rendimiento.

Tras el Tour acudimos a la Vuelta a España. Roberto Heras, gran favorito, logró la victoria. Formar parte de aquello fue profundamente satisfactorio. Roberto era un profesional disciplinado que siempre anhelaba mejorar. Su punto débil era la contrarreloj, pero trabajó duro. Mi motivación disminuía y ese año terminé embrollado sobre mi futuro.

Mi hermano Álvaro, tres años mayor que yo, decidió abandonar. Habíamos compartido miles de kilómetros. Cuando estás en activo se mira hacia delante, queriendo superarte, o por lo menos replicar los triunfos. La exigencia es máxima y es un constante no parar. En la retirada, el espejo retrovisor se pone en funcionamiento y reflexionas sobre lo conseguido. Mi hermano era uno de los pocos ciclistas que habían ganado una etapa en las tres grandes Vueltas: Giro, Tour y Vuelta. Además, había participado en Olimpiadas y Mundiales. Cuando disfrutaba de libertad era ganador. Tenía olfato.

Comenzó la temporada 2005 y me dispuse al máximo. Mi mentalidad de líder había desaparecido y seguía preguntándome si debía renunciar. Amigos y personas cercanas me sugerían que mis dudas venían provocadas por los malos resultados. Por otra parte, cada día que pasaba resonaba una voz que me repetía: *¡Ha llegado el momento!*

Decidí ponerme un plazo: el Tour de Francia. Fui a dar el máximo, si cabe, en mi preparación. La presión que me puse tuvo lamentables resultados. En casa estaba irascible, tenso.

El Tour comenzaba con una contrarreloj individual. Compartía habitación con el joven ciclista, y a la postre grandísimo campeón, Alberto Contador. Manolo Sainz mezcló veteranía con lozanía con el fin de que le fuese enseñando los entresijos de una carrera que en el futuro él dominaría. Alberto, con veintidós años, afrontaba la carrera con muchísima expectación. Era intrépido y preguntaba todo. ¡Quién iba a pensar que llegaría a hacer de eso su carrera! Comentarista en Eurosport y referente del ciclismo internacional, siendo mánager junto a Iban Basso, de un equipo italiano de primer nivel, verbalizó en una retransmisión algo que le comenté en 2005: *lo importante es saber encontrar tu sitio como ciclista, sea como gregario o como líder*. Me halaga que se acuerde. En cualquier organización, cada uno debe de encontrar su función para desplegar su potencial.

Fui el primer ciclista español en la contrarreloj, acabando octavo. Buen presagio. Sin embargo, aquella actuación fue el desencadenante. Solo permaneció la voz de *ha llegado el momento de colgar la bicicleta*. No reaparecieron las dudas. La decisión estaba tomada después de una estupenda actuación en la mejor carrera del mundo. Telefoneé a mi mujer:

—Nerea, siento haber estado tan tenso antes de venir al Tour, haber explotado con un carácter tan áspero, pero lo que me rondaba por la cabeza era muy difícil. Ya está. Al final de temporada abandono para afrontar otros retos.

Me respondió:

—Me alegro de que ya hayas decidido lo que deseas hacer. Tienes todo mi apoyo. Te quiero.

¡Qué importante es contar con una excelente compañera de viaje!

Afirma Juval Noah Harari en *Homo Deus* que llegará un momento en que los algoritmos tendrán mayor conocimiento acerca de nuestros deseos que nosotros mismos. Leí un titular en la que Juval afirmaba que Google elegirá a tu pareja; te conocerá mejor que tú. Dudo mucho que esas afirmaciones lleguen a ser realidad. Creo que hay un espacio interior que nunca nadie ni nada arrebatará a un buen compañero o compañera de viaje, en mi caso mi mujer.

Continué en un Tour que para mí iba a ser el último. Tranquilo, sereno y seguro. No se lo participé a nadie más.

En una de las etapas, justo antes del primer descanso, sufrí una caída importante de espalda. Aunque no tenia hematoma externo, me fue imposible subirme a la bicicleta. Algo había pasado en las lumbares. Sentado en el coche, por la radio interna escuché a mi director fuertemente enfadado. El dorso me dolía. Cuando llegué a la zona de meta no podía moverme. Estaba paralizado en la zona de la cintura. Me tuvieron que llevar a hombros hasta las duchas. A duras penas me cambié. No podía llegar hasta el avión que nos iba a desplazar a la ciudad del día de descanso y decidieron trasladarme en coche.

Eran cuatro horas de viaje. El director me preguntó cómo veía el futuro, al equipo... Aproveché para confiarle mi decisión:

—Al acabar la temporada abandono.

No lo entendió. Replicó que no tomase las decisiones en momentos donde las cosas no salen bien, como esa ocasión.

Insistí en que no tenía nada que ver con aquel suceso: había perdido la motivación y llegaba el momento de afrontar otros retos. No quiso escuchar más. Concluyó:

—Vete a casa, reflexiona y recupérate, y ya verás como cambias de opinión.

Al día siguiente, en silla de ruedas, tomé el avión de regreso. Al aeropuerto vino a recogerme Álvaro. En el trayecto a casa le manifesté mi dictamen. Nada comentó. Al llegar, musitó:

—Recupérate y seguro que luego ves las cosas de otra manera.

Era difícil explicar que cambiase de rumbo sin cumplir los treinta y dos años y con un currículum ejemplar.

Sufría una fractura en el sacro, lesión que me impedía sentarme, con más motivo sobre una bicicleta. Fue difícil de digerir. Podía suceder que no compitiese más. No deseaba eso. Me puse en manos del mejor, Mikel Sánchez. Anhelaba participar en la Vuelta a España, con Roberto Heras como favorito. Quería aportar mi granito de arena en su posible laurel y quería despedirme del ciclismo en plena competición.

La recuperación fue dificultosa. Había días que me subía a duras penas en la bicicleta. Otros, sentarme encima del sillín resultaba insoportable. Necesitaba volver a la carretera.

Me explayé con mis mejores amigos, «los marqueses». Me apoyaron:

—¡Por fin vas a poder estar con nosotros en comidas y cenas sin restricciones!

No les faltaba razón. Un ciclista lo es 24 horas 365 días al año. Disciplina en el entrenamiento, la comida y el descanso son esenciales. Baltasar Gracián reflexionó: «*La verdadera amistad multiplica el bien de la vida y divide sus males. Esfuérzate por tener amigos, porque la vida sin amigos es como la vida en una isla desierta... Encontrar a un verdadero amigo en la vida es buena fortuna; mantenerlo una bendición (...)*».

El principio de la amistad ha jugado un papel importantísimo en mi vida y sigue siendo un principio que defiendo a capa y espada. Mis amigos han supuesto un gran soporte en los buenos momentos, y más aún en los peores momentos. Recuerdo aquellas reuniones semanales en las que nos juntábamos en cualquier bar de Vitoria para comentar las «mejores jugadas de la semana». Cuando yo me encontraba en situaciones complicadas de ciclista o de mánager, algunas muy mediáticas, llegaba con cara seria y el ceño fruncido. Me preguntaban:

—¿Qué te pasa? ¡Cuéntanos!

Entonces les contaba lo que me preocupaba. Al terminar me embromaban:

—¡Ya!, ¿has contado todo? ¡Venga, pues ya está!

Cambiaban de tema, volviéndome a la realidad de personas con vidas y trabajos diferentes que no viven en un mundo tan cerrado, endogámico y circular. Rompían la espiral en la que estaba metido.

Valoraba muchísimo esas tertulias. Se hablaba de todo menos de ciclismo. Nos reíamos, hacíamos chistes y mis preocupaciones desaparecían rápidamente durante ese par de horas. Me extraían de mi entorno laboral y eso me ayudaba a entender que el centro del mundo es mucho mas amplió que tú, tu empresa y tus problemas. Cuando escribo estas líneas, continuamos juntándonos para seguir haciendo terapia e impulsar un principio que nos une a los seis: la amistad.

Llegó el día en que Manolo Sainz tomó la decisión de qué equipo iría a la Vuelta a España. Me llamó:

—Igor, ¿qué tal estas? ¿Cómo va esa lesión?

—Mejor. Ya estoy entrenando con normalidad —le respondí.

—¿Te ves como para poder correr la Vuelta a España?

—Yo sí, Manolo, pero dada la situación entendería que llevases a otro compañero que no haya salido de una lesión —le facilité.

—¡No! Igor, si te has preparado para competir y has hecho todo lo necesario, te necesito. Tienes experiencia y eres un valor seguro —concluyó.

Me emocioné.

Manolo prescribió que compartiese habitación con Roberto Heras. He sido siempre una persona tranquila y seguramente él necesitaba calma para soportar el peso del liderazgo para sumar una Vuelta a España más a su palmarés.

Le recordé a Manolo mi decisión de concluir mi carrera profesional. Siguió sin entenderlo pero lo respetó. Di la noticia en la etapa más cercana a mi casa, Logroño, para que me acompañasen mi familia y mis amigos. Era el 7 de septiembre. Manolo me prometió acompañarme, pero a última hora no acudió. Quizá quería centrar la rueda de prensa en mi despedida y no diluirla con preguntas sobre el desenlace de la Vuelta. El mencionado titular en la despedida de Miguel Induráin en *El País* informaba: «*Induráin dice adiós solo y cansado*». Yo no estaba cansado, pero sí me sentí solo en aquella mesa llena de micrófonos. Así resumió la agencia EFE:

Igor González de Galdeano colgará la bicicleta en noviembre

Termino un ciclo y es el momento de dejarlo.

Después de once temporadas en el pelotón internacional, Igor González de Galdeano ha anunciado que dejará el ciclismo profesional el próximo 1 de noviembre, cuando cumpla los 32 años, «después de haber finalizado un ciclo en un deporte que me ha formado como persona y al que le debo todo». El corredor del Liberty Seguros dice que se marcha con la sensación de «alegría y tristeza, pero convencido».

Igor, quien tomó la decisión de dejar el ciclismo el primer día del pasado Tour de Francia «al no encontrar motivación para una carrera grande», y tras dos años sin haber logrado cubrir sus objetivos, anunciaba la noticia públicamente en Logroño, acompañado de su familia, en la primera jornada de descanso de la Vuelta a España. «Abandono algo que ha sido mi vida y que me ha dado cosas que nunca había imaginado conseguir y que me ha hecho vivir momentos inolvidables y algún que otro momento amargo», dice el corredor vitoriano.

González de Galdeano, que ganó en 2001 en Zaragoza la etapa más rápida en la historia de la Vuelta, destaca como mejores recuerdos la Vuelta del 99, en la que fue segundo, y los siete días que vistió de amarillo en el Tour tras ganar con el ONCE la cronometrada por equipos. «El peor momento lo viví este mes de agosto cuando después de quince días parado me tuve que poner a preparar la Vuelta. Fue un momento muy difícil y eso es algo que solo sé yo y los que me rodean», explica Igor González.

El corredor del Liberty Seguros destaca su admiración por su actual compañero y líder del equipo, Roberto Heras, cuando este vestía la camiseta del Kelme, «sobre todo porque era un corredor atacante y ese estilo siempre me ha gustado», señala. También reflejó que cuando llegó al ciclismo «era un deporte dominado por un ciclista como Miguel Induráin, que marcó una época, y actualmente no hay ciclistas así en España, aunque pueden aparecer». González de Galdeano se dedicará a partir de su retirada a terminar los dos cursos que le restan para finalizar la carrera de Educación Física (INEF) con el fin de «seguir vinculado al deporte que me lo dio todo».

En el momento de la despedida, Igor se ha acordado de la peña ciclista Dulantzi, que le formó como ciclista y persona, del equipo Euskaltel-Euskadi, que le formó como profesional, del Vitalicio de Javier Mínguez por colocarlo en lo más alto del ciclismo, del ONCE y del Liberty de Manolo Sáiz «por mantenerme arriba». Además, agradece la confianza del seleccionador nacional, Paco Antequera, «por llevarme a los Mundiales y Juegos Olímpicos», y al masajista Gabino Erezoñaga por su apoyo incondicional «durante toda mi carrera».

González de Galdeano ha sido dos veces campeón de España contrarreloj (2002 y 2004) y medalla de bronce en esta misma disciplina en el Mundial de Zolder (2002). Tiene tres triunfos de etapa en la Vuelta, fue un día líder en 2003, y actualmente ocupa el puesto 113 de la general, a una hora, 23 minutos y 44 segundos del líder, el ruso Denis Menchov (Rabobank). En 2002 fue maillot amarillo del Tour durante siete días.

Todas las miradas se concentraban en mí. Fue un momento emocionante, donde el silencio era roto por los fotógrafos que buscan el instante en el que te vienes abajo y lagrimeas. Demasiada gente delante para mostrar debilidad. Terminé de hablar y miré sin ver a nadie. Me hallaba como en una nube. Salí de la sala de prensa y me fui a pasear. No dudaba.

Abandonar no es sencillo, te cambia la vida. Nadie debe decidir por ti. Tanto en la empresa como en el deporte hay que retirarse en el momento adecuado, ya sea por jubilación o porque concluye el ciclo de vida deportiva. Muchos la retrasan. Demasiados se sienten imprescindibles. En el caso del deporte, algunos siguen cosechando éxitos menores y con eso justifican que no se deben apartar de la primera línea.

En ambos casos la decisión la acaban tomando otros, ya sea Recursos Humanos o el mánager general del equipo deportivo. Esto provoca malestar en los protagonistas, que alegan que están siendo tratados de forma desconsiderada. *Una retirada a tiempo es una victoria.* Esta frase de Napoleón Bonaparte refleja claramente que cada uno ha de afrontar la salida.

He conocido a altos directivos que han sido empujados a la calle sin ellos ni siquiera haber barajado esa posibilidad. Su salida ha sido dramática; acaban enfadados, bramando contra presuntas conspiraciones. En el deporte llega un año en que no hay oferta para continuar...

La Vuelta a España se encontraba en su ecuador. Roberto Heras estaba en disposición de ganar y el equipo debía entregarse al máximo. Trabajamos duro. En una mítica etapa por tierras asturianas desbancamos al líder y situamos en primera posición a Roberto. Fue fundamental para la victoria final. Unido a que era mi última competición en activo, aquel momento fue inolvidable. Viajaron a Madrid amigos, familiares, y por supuesto Nerea.

Al día siguiente, coincidí en el garaje del hotel con una de las personas más importantes del ciclismo nacional e internacional: José Miguel Echábarri, mánager general del mítico Reynolds, Banesto, etc., con el que ganaron sus Tours Perico Delgado o Miguel Induráin.

—¿Sabes lo que te vas a encontrar después de la decisión tan valiente que has tomado? —me interrogó.

—No sé a qué te refieres, José Miguel —respondí—. Quiero terminar mi carrera universitaria, dedicar tiempo a la familia, y seguir involucrado de alguna manera con el ciclismo.

—No me refiero a eso, Igor. ¡Escúchame!

Deposité la maleta en suelo.

Prosiguió:

—Los próximos meses van a estar repletos de homenajes y reconocimientos. De aquí a final del año prácticamente no vas a tener tiempo para darte cuenta de que has dejado de ser ciclista profesional. Todo el mundo que hasta ahora te ha alabado y seguido se acercará más si cabe. Pero llegará enero y debes estar preparado. Todos los que te han pasado la mano por la espalda dejarán de hacerlo. Buscarán a otro a quien seguir. Esos periodistas que te han estado llamando para que les cuentes tus triunfos, o en este momento tu retirada, dejarán de interesarse por ti. El teléfono parará de sonar de un día para otro y llegarás a pensar que se ha estropeado. Te levantarás por la mañana y te preguntarás: «¿Y hoy qué?».

Añadió con tono quedo:

—Igor, tras esta decisión, lo que te espera es la soledad. ¿Estás preparado? Muchos deportistas de tu nivel pasan una época de muchas dificultades personales. El pasado se mira en compañía, el futuro en soledad.

Siempre he agradecido aquellas oportunas predicciones.

9. La soledad del líder

La soledad de un deportista tras su retirada, y la de un empresario fracasado, pueden vivirse como un abismo o como una oportunidad.

La soledad es una amenaza grave y frecuente. Muchos se aferran a su profesión por la incertidumbre que genera el «día después» de lo que ha sido, más que un trabajo, una forma de vida. Llega acompañada de dudas, de necesidades que pueden impulsar a errar, también en la gestión patrimonial. Merodeará la tristeza y probablemente la ausencia de proyectos y referencias existenciales.

Numerosos profesionales anhelan seguir vinculados al ciclismo. Esta situación se asemeja a «El mito de la caverna», el diálogo que Platón pone en boca de Sócrates y Glaucón. Se describe un espacio en el cual permanecen personas encadenadas desde su nacimiento, de forma que, inmóviles, únicamente contemplan la pared del fondo de la cueva. Sobre ella se dibujan las sombras de los movimientos de otros seres gracias al resplandor de una hoguera. Los prisioneros no tienen ningún contacto con el exterior y tampoco pueden observar ni la fogata ni a quienes se hallan detrás. Las sombras simbolizan las apariencias, lo que captamos a través de los sentidos y que pensamos que es real, mientras que el mundo exterior permanece inaccesible.

Los ciclistas de éxito retirados tienden a demostrar que todo marcha bien, que la situación es la deseada, y alardean de vivir tranquilos. La realidad suele ser otra. Alzar la persiana y columbrar al horizonte como un miope sin gafas provoca ver todo borroso, distorsionado.

Te enfrentas a ti mismo: *¡No puedo estar así, necesito lanzar proyectos!* Cuentas, en el mejor de los escenarios, con ahorros que te facilitan arrancar. Ansías una empresa que genere beneficios y te posicione de nuevo. La necesidad de reconocimiento lleva a escuchar a personas que te prometen negocios que te devuelvan a un pedestal. Te aventuran éxito. ¡Te presentan un plan infalible! Nada puede salir mal y tú vas a ser quien lo gestiones. En cinco años tendrás un beneficio de, en las peores previsiones, un 50 % sobre lo invertido. Habitualmente son empresas de entornos ajenos a tu experiencia, pero esas personas te prometen confianza y no reflexionas. ¡Adelante!

Tras un primer año más difícil de lo pronosticado, llega un segundo donde las cosas no suceden como pronosticaban. El tercero te planteas vender. Vuelves a estar solo y con menos patrimonio. Desaparecen los que te engatusaron. Los gastos no cesan y los ingresos no aparecen. Esto se suma a tu incapacidad de moverte en un sector que desconocías. Finalmente cierras. Es el resumen de lo que les pasa a muchos. Esta es la parte de la historia que no me contó José Miguel Echábarri en el garaje. No me quiso asustar, pero aludió a este peligro con la frase: *El pasado se mira en compañía, el futuro en soledad.*

El asesoramiento es fundamental. Demasiados pierden sus caudales empujados hacia entornos que desconocen. Ser ciclista no te garantiza ser gestor, inversor o directivo. Para todo hay que prepararse y rodearse de expertos idóneos.

Ángel Luis Casero, ciclista valenciano con innumerables victorias en su haber, lo relataba en una de sus últimas entrevistas en el periódico *Las Provincias*: «*Me aparté del mundo del ciclismo. Llega un momento en que parece que lo necesitas; el final de la carrera profesional es duro para muchos y quería empezar de cero, olvidarme de la bicicleta. Así que me metí en una promoción inmobiliaria, que comenzó en el mejor momento y acabó en el peor, cuando pinchó la burbuja urbanística. Si es que yo lo digo, 'zapatero a tus zapatos'. ¿Qué sabía yo de aquello? Nada en realidad».*

He aquí lo que se podía leer el periódico *El Mundo*: «*Por qué el 80 % de los deportistas acaba en la ruina: padres, malas inversiones, divorcios y adicciones*». El artículo se centra en el fútbol, pero es extrapolable.

Christian Vieri (45), ex delantero italiano del Atlético de Madrid y del Inter de Milán, dilapidó su fortuna en mujeres, el póquer y negocios que fracasaron. Iván Zamorano (52), uno de los jugadores más recordados del Real Madrid, reconoció sus problemas económicos debido a malas inversiones...

Yo me enfrenté a esa situación sin ser plenamente consciente de que aquello podía sucederme. Menudearon viajes, reconocimientos y despedidas. Me sentí querido. Me matriculé en la universidad. Veía necesario continuar formándome en gestión deportiva. Con treinta y dos años, la vida seguía siendo un camino apasionante lleno de retos que has de afrontar preparado. Había trabajado duro en el ciclismo y eso me había reportado posibilidades económicas que me permitían estar tranquilo, pero el dinero por sí solo no aporta conocimiento. «Acabar la carrera, descansar, familia y ya veremos» era mi pensamiento. Le prometí a mi mujer: «Nerea, a partir de ahora se acabó el estar fuera. El próximo proyecto en el que me involucre será desde casa».

Aquellas palabras caerían como una losa sobre mí. Nerea es una mujer activa, que siempre ha buscado evolucionar a nivel personal. Tras culminar sus estudios de trabajadora social y, una vez concluida mi carrera deportiva, apostó por preparar unas oposiciones convocadas por la Administración alavesa. Durante todos esos años, ella se había centrado en nuestra familia y en aportarme la mayor tranquilidad posible. Una vez clausurada esa fase me pidió dedicación a la familia para poder acceder ella a unas pruebas que le iban a llevar mucho tiempo de preparación. Asentí sin saber que a los pocos días llegaría una propuesta irrechazable.

Miguel Madariaga, responsable del Euskaltel-Euskadi, me propuso convertirme en secretario técnico del equipo. Me pareció una oferta atractiva, pero ¿cómo iba a decírselo a mi mujer tras prometerle que no volvería a estar en un proyecto que me mantendría muchos días alejado del hogar?

Tras nuevas deliberaciones conjuntas, no había marcha atrás. En paralelo concluiría mi carrera universitaria.

Al salir rumbo a la reunión definitiva, Nerea clamó:

—¡Como digas que sí no vuelvas!

Estaba con razón enfurruñada, porque estaba a punto de quebrar la promesa que le había hecho. Ella era consciente de que iba a comprometerme. Intuía el mucho tiempo que reclamaría la nueva responsabilidad. Somos esclavos de nuestras palabras... A mí no se me había pasado por la cabeza el que uno de los veinte mejores equipos del mundo me convocase para formar parte de la dirección. Yo no había hecho ningún movimiento ni ofrecimiento para que eso pudiese pasar. Me vinieron a llamar.

A mi regreso fuimos a celebrar el nuevo desafío que iba a afrontar, siendo ya conscientes Nerea y yo de que era una oportunidad extraordinaria.

Comencé mi andadura como mano derecha de Miguel Madariaga, mánager general. El primer año fue difícil. Apoyé a mi mujer en todo lo que pude para que sacase adelante las oposiciones mientras yo iba conociendo el nuevo equipo y terminaba mis estudios. Al proceso se sumó un embarazo. Se trataba de Maddi, nuestra segunda hija. El esfuerzo mereció la pena: Nerea sacó su plaza, Maddi llegó y yo seguí estudiando y dirigiendo un equipo en el que urgían cambios. Aquellos esfuerzos, sacrificios y capacidad de superación de ambos trajeron recompensas.

El equipo estaba como un LEGO con las piezas revueltas. Mandaba el ciclista. Ellos y su entorno decidían todo: calendario, material, auxiliares, etc. Me centré en recoger los fragmentos y colocar cada uno en su lugar. Me exigió dedicación e innumerables enfrentamientos con quienes llevaban tiempo timoneando.

Propuse responsables para cada departamento: mecánico, fisiología, médico, preparación física, biomecánica, prensa y administración. En total sumábamos sesenta personas. Los cambios fueron profundos. El desgaste importante. Tuve que tomar decisiones de despidos con el fin de domar a un equipo fuera de control.

Dos ciclistas disfrutaban de mayores derechos. Llevé a todos a un *paintball* para analizar su liderazgo. Pedí un par de voluntarios para que comenzasen a elegir quién iba componer cada equipo. Ninguno de esos dos, que según los medios de comunicación eran los referentes, fueron escogidos de inicio. Uno de ellos fue el último. El adalid dentro de una organización deportiva ambiciona alcanzar sus objetivos y se rodea de los mejores, reconociendo la brega de sus compañeros sin perder nunca los nervios y promoviendo un liderazgo sin obsesiva jerarquización. Todo aquello faltaba.

Tras recapacitar, tomé la decisión de apostar por otro: Samuel Sánchez, a la postre el mejor que nunca ha tenido el equipo Euskaltel-Euskadi. Campeón olímpico en Pekín 2008. Fue una opción acertada. Se trataba de un ciclista competitivo y ambicioso.

En la planificación de la temporada 2010 realizábamos una reunión para conocer y compartir los objetivos planteados por los ciclistas y el equipo. Samuel quería afrontar el Tour de Francia como cima. Había participado en el Tour

2008, después de años alejado. Tras aquella temporada de buen rendimiento, se hizo a las pocas semanas con la medalla de oro en las Olimpíadas de Pekín. En sus anteriores participaciones en el Tour no se le había dado bien. El calor no era la mejor condición meteorológica y alguna caída desafortunada le había alejado hasta ese año de la mejor carrera por etapas del mundo. Sin embargo nunca dejó de considerar que podría adaptarse tras duros entrenamientos. En 2009 no acudió al Tour para apostar por la Vuelta a España y a punto estuvo de ganarla, solo superado por Alejandro Valverde.

Antes de la reunión de 2010 y de plantear objetivos quise que los ciclistas analizasen cuatro fases. En primer lugar, la temporada y las competiciones, proponiendo el objetivo general. En el caso de Samuel sería el Tour de Francia. Enseguida nos comunicó al cuerpo técnico cuál pensaba que debía de ser su objetivo personal: ¡hacer pódium! Era el segundo momento. Yo quedé sorprendido y le trasladé que antes de pensar en alcanzar un propósito tan ambicioso había que transitar por otras etapas. Todo recorrido hacia el éxito debe de ir acompañado de un crecimiento basado en diferentes lapsos, que yo entendía que Samu no había cumplido. Como tercer escalón debía escuchar.

Se rebeló:

—¿No confías en mí?

Rebatí:

—Samu, antes de calibrar un pódium en una competición tan reñida debemos ganar una etapa. A partir de ahí podremos plantearnos el hacer pódium. Te recuerdo que en 2008, aun con notable rendimiento, no lo conseguiste. ¡No corras, Samu! ¡No corras!

Él entendió, pero su ambición y competitividad se removían.

La cuarta fase: cuánto de la temporada debíamos invertir en concentraciones y entrenamiento para desembarcar con posibilidades en el Tour. No había duda de su calidad para afrontar el reto. Ahí culminaba el proceso de análisis que yo planteaba a los deportistas.

Fue un éxito. Samu ganó la etapa más importante, la de Luz Ardiden, y a punto estuvo de vencer en Alpe D'huez: dos cimas míticas del Tour de Francia, donde se encumbraron triunfadores como Miguel Induráin o Carlos Sastre. Se quedó a un paso del pódium y, además de ganar una etapa, se hizo con el segundo maillot más importante del Tour después del de líder: el de puntos rojos, que determinaba quién había sido el mejor escalador de la ronda gala.

Los peldaños esbozados son aplicables para cualquier emprendedor: analizar el entorno, trazando el modelo de negocio. Comunicar a tu equipo de asesores la idea y escuchar sus previsiones y aportaciones es fundamental para finalmente plantear la inversión para llevar adelante el proyecto. Estos cuatro escalones, desarrollados tras un amplio estudio, acompañados de un servicio de asesoramiento profesional, se hacen fundamentales para consolidar un caballo ganador.

La remodelación seguía adelante. El principal director deportivo, Julián Gorospe, ex ciclista profesional de éxito, se oponía frontalmente a mis decisiones y discrepaba en público, incluso delante de los patrocinadores. Cuando terminó su contrato se le comunicó que no sería renovado. Gracias a Dios hubo personas que creyeron en mi forma de trabajar. Contaba con experiencia y responsabilidad, pues había aprendido observando a los directores que yo había tenido. Pero no es lo mismo ser espectador que estar al pie del cañón, transitando de público a actor; de un lado del telón al otro. Fue duro. Fui forjándome.

Miguel Madariaga, la persona en la que me apoyaba, me enseñó alguna de las características que debía tener un líder. Él era tremendamente constante. Me sorprendía gratamente su temple al afrontar problemas de calado en la gestión del proyecto. Miguel era capaz de alterarse por cosas aparentemente de poca monta. En esas cuestiones perdía los nervios y generaba tensión innecesaria. Sin embargo, los obstáculos importantes se los tomaba con tranquilidad. Me solía comentar: «Tranquilo, Igor; mañana será otro día». Afirmaba también: «Igor, no vayas a por el toro, espera a que venga él a por ti».

Hay quienes tienden a solucionar complicaciones relevantes a base de decisiones precipitadas. Sienten el problema tan intensamente que piensan que, si no lo resuelven en poco tiempo, irá a peor. Es conveniente mantener la calma, unir fuerzas con tu equipo y tener la suficiente fortaleza para no perder los nervios.

Miguel vivía por y para el equipo pero carecía de preparación para la dirección. Había aprendido a base de golpes que lo tumbaban pero de los que se levantaba. Pasó de ser taxista a promover una consulta de masajes y más adelante a trabajar en la diputación de Vizcaya como bombero. Tras largos años unido al ciclismo llegó a gestionar un proyecto deportivo de más de seis millones de euros. Miguel acumulaba mérito, pero yo precisaba formación profesional, apoyo en gestión de conflictos y pautas de desarrollo de empresa. Necesitaba algo más.

Así lo describían en la web de ciclismo www.juanseguidor.com:

«Miguel Madariaga es un tío que gana en las distancias cortas. Grandote, expresivo, gesticulador... tiene todos los aliños para describirse como el perfecto hombretón vasco, con todo lo que ello implica, incluso lo de no saber callarse las cosas y pensar en voz alta.

Hablar con Madariaga es hacerlo con parte sustancial de la historia moderna y contemporánea del ciclismo vasco. Para seguirle la pista cabe ir a los setenta, cuando en Mungia tuvo su primer equipo juvenil. Luego pasó por el Teka, el Super Ser… en categorías inferiores, aprendiendo, creciendo entre bambalinas de esta mal llamada familia ciclista, donde las decepciones se urden a espaldas o se comunican por teléfono.

Fue un día, en Lourdes, acompañado del presidente de la Diputación de Vizcaya, mirando a los corredores del Tour, que ambos cayeron en el anhelo conjunto de un equipo vasco ahí, en el mirador del mundo, en el Tour, la mejor carrera del mundo.

Y surgió un esbozo, que se situó en ese enorme edificio que está yendo hacia el aeropuerto de Bilbao, una suerte de mastodóntico seminario en Derio, donde se ubica la sede de lo que entonces fue un sueño y hoy cumple 25 años.

Fue la creación de la Fundación Euskadi, cuya fecha de creación se sitúa en junio del 93. Recuerdo que por esas fechas, esos años, se corría la querida Bicicleta Vasca, que vestía a su líder de azul de Bergara, por homenaje al buzo de los obreros que paraban las fábricas para ver el paso del pelotón.

Con ese germen, pasándolas pero que muy putas, llegaron los años dorados, años naranjas, cuando los mejores del mundo se veían con uno, dos o tres, Euskaltel entre ellos, de tú a tú, disputándoles las mejores carreras…».

Miguel era un inconformista. Vivía en una tensión constante. Desconfiado, generaba elucubraciones para intentar desvelar cualquier situación que le preocupaba. Su agenda de contactos era ilimitada.

El equipo fue creciendo. Yo iba desarrollando el proyecto desde la confianza y el compromiso de quienes lo conformaban. Los éxitos deportivos se sucedían y año tras año mejoraban los resultados.

Los contratos de los ciclistas revelación los gestionábamos Miguel y yo. Miguel desde el control económico y yo desde la parte de dirección deportiva. De los que más me sorprendió fue uno que, cuando redacto estas líneas, brilla en el ciclismo internacional. Vino con su padre. Frente a lo que sucedía con otros progenitores o asesores, que llegaban con rostro risueño por hacer realidad el sueño de su hijo o representado, este mantenía una faz rígida.

Es conveniente aclarar que no había mucho que discutir respecto a lo económico, por ser el primer año de ciclista profesional. El contrato se regía por la normativa internacional en cuanto a condiciones y salario.

El padre nos espetó:

—Quiero agradecer vuestro interés por ofrecer a mi hijo la posibilidad de ser ciclista profesional, pero quiero dejar clara una cosa. Mi hijo no va a ser ciclista profesional para arrastrarse por las carreteras. Mi hijo va a ser ciclista profesional para ser el mejor. Si veo que no lo va a ser, yo mismo le quito de aquí. ¿Queda claro? ¡Mi hijo debe ser el mejor!

Le llegó el éxito gracias a su talento, trabajo y calidad. No ha hecho falta que su padre le saque del ciclismo. Pero independientemente de que ese profesional haya triunfado, es bueno recordar que el ciclismo es una hora mala y un minuto bueno. Considero además que su progenitor debería haber afrontado su preocupación desde otra perspectiva, apoyando a su hijo a que eligiese su camino, proporcionándole las herramientas para que llegase a lo más alto en aquello que le apasionaba.

Afronté situaciones que innumerables directivos han vivido. Recibí, por ejemplo, llamadas de personajes con influencia que buscaban información privilegiada y –¿por qué no decirlo?– un injusto trato de favor para ellos mismos o para algún pariente. En una ocasión me preguntaron por el futuro de uno de los integrantes. La conversación fue amable y cercana, explicitando yo que debía consolidarse. Alegué que las decisiones debían ser rigurosas y que, por el bien de todos, yo no podía garantizar esa continuidad. Al prepotente interlocutor no le agradó la aclaración. Poco después, por motivos estrictamente deportivos, el recomendado no continuó en el equipo. Aún hoy, aquel que trató de forzar una irregularidad a la que me negué obvia saludarme porque no cumplí sus órdenes, tan ilegales como ilícitas.

Otra de las experiencias inolvidables la viví con Igor Antón, uno de los líderes del Euskaltel-Euskadi en la Vuelta a España de 2010. Fue el año de su eclosión. Cada día iba mejorando sus posiciones en la general mostrándose un firme candidato a liderar la carrera.

Cuando llegó la montaña, Igor, gran escalador, mostró sus mejores credenciales, siendo superior a cualquier otro. Allí estaban Joaquín Rodríguez (Purito) o Níbali, ganador de Giro, Tour y Vuelta. Se nos presentaba una situación única pero no sencilla. Alcanzó el liderato. Sorprendentemente me encontré a un Igor confuso, pensativo y nervioso.

Le pregunté,

–Igor, ¿qué te pasa?

–¡Nada! –respondió.

Insistí:

–Te veo raro. ¿No estás disfrutando de este maillot?

Me interrogó:

—¿Crees realmente que puedo ganar esta Vuelta a España?

—¡Por supuesto¡, ¡eres el más fuerte! —lo reconforté.

Él concluyó:

—Tocayo (así me denominaba) ¡Este maillot preferiría no tenerlo!

Le pesaba en exceso el ser el líder. No le gustaban las responsabilidades, pero era tal su estado que casi sin querer estaba en lo más alto. No disfrutaba. Su semblante era circunspecto, no se encontraba cómodo. El equipo lo arropaba y creía en él más que él en sí mismo. Todos corrían muy motivados para quien era su adalid. A Igor le gustaba ir por libre, dejando rienda suelta a su genialidad, la escalada. Ganador del mítico Zoncolán en el Giro de Italia o la etapa que llegaba a Bilbao después de muchos años sin pasar la Vuelta a España por tierras vascas. Era un ciclista especial. Capaz de lo mejor y lo peor en su rendimiento.

El día de nuestra conversación se salía de Burgos hacia Cantabria. Sería su ultima etapa en una Vuelta que tenía en su mano. Se cayó a seis kilómetros de meta, antes de Peña Cabarga. Quedó apartado de golpe y porrazo de cualquier opción. No estaba preparado para liderar. Necesitaba su espacio, su momento. Si ambos se juntaban con su talento, daba lo mejor de sí mismo.

¿En qué situación se queda un equipo tras perder a su líder?

Puedes leer el artículo completo «La caída más cruel de Igor Antón» de J.G. Peña, Peña Cabarga con ayuda de este código QR:

Era el momento de reconstruir el equipo. De reorientar a cada ciclista y técnico en la consecución de nuevos objetivos. Todos me preguntaban: ¿Ahora qué? Me puse manos a la obra.

En el viaje del día siguiente, coincidiendo con la jornada de descanso, se escuchaba un silencio sepulcral. No había ganas de bromas. Todos iban pensativos. Yo también.

Una de las características de un buen directivo es saber leer la realidad tal y como se presenta. Hay que tratarla con amplitud de miras. Analizar todo sin despreciar nada por aparentemente insignificante. Casi siempre algo positivo trae consigo algo negativo. En este caso, algo presuntamente muy nocivo, casi catastrófico, aportó algo efectivo, incluso un cúmulo de oportunidades. Era el momento de ser proactivo.

Es una situación semejante a la vivida con el Covid-19. Hay empresas que desde el inicio de la pandemia tomaron la decisión de replegarse a la espera de que pasase la tempestad, lo que conllevó ERTES, despidos e incertidumbre, mientras que otras muchas, impulsadas por directivos proactivos, se adaptaron buscando la oportunidad en un entorno que aplastaba como una apisonadora.

En el caso de la caída de Igor Antón se debían tomar decisiones para contrarrestar efectos que desestabilizaran al equipo. El directivo, en circunstancias así necesita soledad para establecer una estrategia de reconstrucción, así como un plan de actuación que se pueda aplicar en pocas horas. Opté por aportar visión positiva. Llegamos al hotel y reuní al *staff* técnico. Decidimos actuar con los auxiliares. Una cena alegre, con buen humor, fue la antesala para soltar el malestar por perder al ciclista que nos hacía diseñar el día a día. Planteamos entre todos unas coordenadas diferentes, repletas de oportunidades. Estaba en mano de todos levantar el ánimo.

A la mañana siguiente planteamos la carrera desde el punto 0:

—Chicos, se nos ha caído el líder. Es una situación que debemos superar cuanto antes. Tenemos una forma de competir, de mostrarnos, y esa es nuestra seña de identidad. Haber estado de líderes con Igor nos ha tenido trabajando para él, y lo hemos hecho muy bien. Pero ha llegado el momento de volver a competir como sabemos. ¡Al ataque!

»Estamos muy bien. Hasta ahora nos hemos defendido, pero ahora llega el momento de movernos.

Resurgimos. Volvimos a recobrar nuestro espíritu en las montañas asturianas. Mikel Nieve, otro de los grandes, nos proporcionó una victoria que levantó el ánimo. Tornamos a ser un equipo competitivo aceptando la situación sin frustración. No trabajábamos solo en la defensa de un líder, sino sobre todo como un equipo líder en la consecución de la carrera.

Así fue el titular al día siguiente y parte de la crónica:

Mikel Nieve homenajea a Igor Antón con la victoria en la etapa reina

El Euskaltel vuelve a sonreír. El sábado, con la caída de Igor Antón, la escuadra naranja se quedaba sin su líder y herida prácticamente de muerte en esta Vuelta. Las lágrimas y el desánimo marcaban a cada uno de los componentes del equipo vasco. Estaban hundidos. Con ganas de marchar para casa. Todo su trabajo se había venido abajo por una maldita madera que se cruzó en el camino del corredor de Galdakao.

Ayer, menos de 24 horas después de que se fuera Antón al asfalto, ya había un nuevo objetivo: dedicarle una victoria y llegar a Madrid con la cabeza alta...

En 2011 fui nombrado director general. Desde esta posición conocí a personas relevantes para el equipo y también a responsables políticos, como José Antonio Ardanza, ex lehendakari, presidente de la empresa que patrocinaba. Venía a muchas competiciones. Era cercano y exigente. También traté con Juan José Ibarretxe, presidente del Gobierno vasco y a otros como Koldo Mediavilla, o el entonces diputado general, José Luis Bilbao. Apoyaron a los deportistas que llegarían a lo más alto en el Tour, en el Giro y en la Vuelta.

La crisis del 2011 hizo mella. Miguel Madariaga comunicó que llegaba su retirada y que yo debía acceder a su puesto. Yo estaba cansado de las injerencias políticas. En una entrevista al entonces presidente de Euskaltel se avanzaba lo que sucedería dos años más tarde: *«El presidente de la empresa Euskaltel, José Antonio Ardanza, se ha declarado sorprendido por la polvareda que han levantado sus declaraciones en torno a la continuidad del patrocinio del equipo ciclista Euskaltel-Euskadi en 2013 y ha matizado que se trató de una posición de pura actitud empresarial, que nada tiene que ver con lo deportivo».*

«Me he quedado sorprendido. He decidido no abrir la boca con ese tema» exclamó Ardanza en la emisora Onda Vasca.

Se sucedieron las noticias en medios: el presidente de Euskaltel mostró así su estupor por la magnitud mediática que han alcanzado las declaraciones que realizó el martes en ETB, en las que dijo que veía difícil que la operadora de telecomunicaciones vasca pueda patrocinar al equipo ciclista a partir de 2012.

«Mi respuesta fue una posición de pura actitud empresarial, que es la que yo tengo y es lógica, y nada tiene que ver con lo deportivo» aclaró el ex lendakari del Gobierno vasco.

«El equipo tiene un patrocinio comprometido y garantizado para dos años, es decir, hasta 2012, pero no sé qué va a pasar en 2013. Ya lo decidiremos» concluyó.

Todas estas noticias creaban incertidumbre, pero venían acompañadas a la par con certezas que consolidaban mi vida personal con Nerea. Se aproximaba el nacimiento de nuestra tercera hija, Paule. Ya éramos familia numerosa y nuestro esfuerzo estaba centrado en el futuro de nuestra prole y en la consolidación de la que es en verdad la empresa de mi vida, la familia. Ese proyecto que en mi caso me ha generado la estabilidad indispensable para afrontar cualquier dificultad y a saber también disfrutar de todo lo bueno que nos ha sucedido.

Llegó 2012. Los patrocinadores y los políticos disputaban en medio de la crisis económica. Miguel Madariaga hozaba en constante tensión. Yo me sentía utilizado. Ser manipulado tiende a ser normal cuando la política forma parte de una organización. Los ataques iban más allá de guerras internas de poder. Eran insultos que buscaban desacreditar a nivel profesional y personal. Comuniqué mi dimisión. Había culminado un máster eminentemente práctico en gestión de empresas de siete años de duración: auditorías, presupuestos, negociar sesenta contratos, gestionar patrocinadores, renovar acuerdos, cambiar el modelo... Todo entre los treinta y dos y los treinta y nueve años.

Miguel Madariaga insistió en que siguiera ayudándolo. Accedí, pero lejos de querellas intestinas, más ideológicas y egocéntricas que profesionales.

Al final de 2012 cambió la propiedad. Miguel Madariaga verificó que su posición de fuerza se iba diluyendo y que Euskaltel buscaba a alguien con experiencia. Consciente de que iba a ser relegado de un protagonismo de veinte años, estuvo en constante contacto impulsando que yo fuese quien pilotase, alertándome:

—¡Igor, estate atento que si no eres tú llamarán a otro! ¡Debes ser tú!

Miguel insistía en que aceptase, con la frase de «me tendrás a tu lado». El traspaso del equipo que Miguel Madariaga había liderado durante dos décadas, con todas las responsabilidades que conllevaba, iba a implicar una durísima negociación. En aquel momento no fui consciente de todo lo que estaba sucediendo en la trastienda. La importante oferta me cegó. Euskaltel me convocó efectivamente para la firma de un contrato por cuatro años, de diez millones por periodo. En total, cuarenta millones de euros y un proyecto a largo plazo.

Asumí la responsabilidad. Nuestro equipo era de solo vascos y por orden del máximo organismo de ese deporte debíamos modificar esa restricción para permanecer en la primera liga. Incorporé aquella premisa para seguir en lo más arriba del ciclismo y trasladamos la situación a los patrocinadores.

Euskaltel me confirmó que debía seguir en la misma categoría. Fiché a seis extranjeros. Miguel pasó a posicionarse en contra. Algunos lugareños no asumieron el cambio de filosofía y quienes en un principio apoyaban en privado, como Miguel, se opusieron cara a la galería al ver la negativa reacción de la afición. Por otra parte, las negociaciones con Euskaltel para el traspaso de infraestructuras, vehículos, etc. eran tensas y Miguel consideraba que debía apoyarle más, a pesar de que yo era parte de Euskaltel. Se sumaron desgracias, como el fallecimiento de un ciclista, Víctor Cabedo.

La firma del contrato por cuatro años fue en noviembre de 2012. En enero de 2013 me comunicaron desde el Consejo de administración que la entrada de un nuevo socio en Euskaltel hacía peligrar el contrato. En marzo me confirmaron que el equipo se liquidaría ese mismo año. Se sumó la defunción de otro auxiliar en un accidente a mitad de temporada,

Rufino Murguía. Busqué por doquier un posible patrocinador. Tras un fallido acuerdo con Fernando Alonso acabó el sueño.

Cada deporte se rige por pautas diferentes. Fernando Alonso quiso entrar con el esquema de la Formula 1, pero las coordenadas de grandes patrocinadores y millonarios salarios no tenían cabida en el ciclismo. Por un lado, la repercusión mediática es relevante para cualquier patrocinador, porque el reconocimiento de marca está fuera de toda duda y va unida a valores que se identifican muy bien con casi cualquiera: la agencia de publicidad Ogilvi, por ejemplo, catalogaba que la inversión en el ciclismo se multiplicaba por diez en repercusión, superando a deportes como el fútbol o la Fórmula 1. Sin embargo las reglas de juego son desemejantes.

Fernando desembarcó con ideas de la Formula 1 que el ciclismo no admitía. Aunque publicó que desarrollaría un proyecto más adelante, parece que esa idea se ha desvanecido. Quizá la falta de derechos televisivos, la ausencia de ingresos en entradas y la dificultad de encontrar un patrocinador fueron la realidad que encontró. Tenía un fantasía... y tropezó con un crudo contexto diverso del que él anhelaba. Sus asesores le quitaron la idea de la cabeza rápidamente.

Así lo describió Jesús Gómez Peña en *El Correo Español*:

El Euskaltel desaparece

Fernando Alonso renuncia a comprar la escuadra vasca, que dice estar decepcionada con este desenlace

Fernando Alonso no comprará el Euskaltel, destinado a la desaparición. Las negociaciones entre las dos partes quedaron rotas el pasado viernes. La vía está muerta, lo que supone el cierre definitivo de un equipo que llevaba dos décadas engrosando las filas del pelotón. En apenas veinte días se ha pasado del entusiasmo por la milagrosa aparición salvadora de Alonso a la decepción que muestra ahora la empresa Euskaltel por este inesperado desenlace.

Las dos partes cuentan versiones contrapuestas. El entorno de Alonso deja entrever que la contabilidad del equipo vasco no era tan clara como creían y que, además, el nuevo equipo tendría que asumir los contratos de toda la plantilla, incluidos los técnicos y auxiliares. Euskaltel, por su parte, asegura que sus cuentas no tienen nada oculto y que no era un requisito para el acuerdo el que Alonso se quedara con los técnicos y auxiliares. De hecho, Euskaltel aceptó las condiciones impuestas por los asesores de Alonso, que, aun así, han decidido no ejecutar la compra del equipo. El preacuerdo fue roto el viernes.

Ahora, los catorce corredores del Euskaltel con contrato para 2014 que iban a quedar englobados en la escuadra de Alonso vuelven a estar en el aire, y sin apenas tiempo para negociar con otros conjuntos cuando ya las plantillas están prácticamente llenas. Alguno de ellos rechazó ofertas de otras escuadras cuando, en plena Vuelta, Alonso anunció que compraba la licencia UCI World Tour del Euskaltel-Euskadi. Parecía un milagro y se ha quedado en una decepción.

Como resumen de lo que sucedió, me apalanco en lo comentado por Javier Fernández Aguado y José Aguilar en su libro *La soledad del directivo: el segundo caso se presenta cuando la decisión es compleja y de ella pueden derivarse responsabilidades indeseadas. Algunos altos directivos prefieren evitar esos riesgos y ponen a un subordinado en la situación de optar, sin que medie comunicación formal. De ese modo, si las consecuencias en efecto son negativas, solo carga con ellas quien toma directamente la decisión, interrumpiendo así la cadena de responsabilidades. A las organizaciones que actúan de esta manera las denominamos misión imposible, porque, al igual que en esa serie de televisión, los agentes asumen plenamente los riesgos de la operación sin que quede rastro del encargo inicial. Como es obvio, solo puede conseguirse la aceptación de estas condiciones cuando las personas tienen un fuerte compromiso con el proyecto y están dispuestas a morir por la causa...*

10. El proyecto más seguro

Si estás pensando en empezar un proyecto nuevo, invierte en ti. Eres el proyecto más seguro.

Como director general participé en las negociaciones de despido. No fue plato de buen gusto. Máxime cuando hacía menos de un año había convocado a esas personas implicándolas en un proyecto que, según me habían vendido a mí, era de al menos cuatro temporadas.

Entraron en juego abogados para defender a los afectados. Cada ciclista amparó sus intereses de forma individual. La mayoría pretendía una salida rápida con el fin de encontrar un equipo que le pudiera contratar dentro de los plazos que marcaba la Unión Ciclista Internacional para el siguiente año. Estábamos en octubre y los equipos culminaban sus contrataciones en noviembre. El cierre era lento y los ciclistas tenían prisa.

Algunos, al carecer de ofertas, pelearon por el abono íntegro del periodo de contrato que todavía faltaba por cumplir. Los auxiliares se unieron bajo el mismo jurista. Ellos se regían por la Ley General del Trabajador y era cuestión de conseguir el mejor acuerdo por año trabajado. A cada integrante le afectaba una normativa diferente. Los ciclistas y directores se regulaban, por ejemplo, por el decreto 1006, que explicita los derechos y obligaciones de los deportistas profesionales en España.

Tomé parte en las negociaciones de los auxiliares (masajistas, mecánicos, administrativos...) para determinar a qué acuerdo se llegaba una vez presentado el ERE. En esa época, las empresas que aplicaban un ERE podían por ley acogerse al pago de veinte días por año trabajado. Buscábamos mejores acuerdos. No fue fácil. En realidad fui descubriendo que todo estaba orquestado desde tiempo atrás. ¿Qué hubiese sucedido si ese mismo cierre lo hubiese tenido que ejecutar un año antes el que había sido propietario del equipo durante veinte años, la Fundación Ciclista Euskadi?

Esa institución no hubiese tenido capacidad de pagar las indemnizaciones a los trabajadores, que superaban los cinco millones de euros, por lo que hubiese supuesto un escándalo mediático. La imagen de los patrocinadores, Euskadi y Euskaltel, hubiese salido peor parada. La subrogación del proyecto a la nueva sociedad conllevaba todos los derechos y deberes, y muchos contaban con más de quince años de antigüedad. Quienes asintieron a esa operación lo sabían.

En un abrir y cerrar de ojos pasé de pilotar un contrato de cuarenta millones de euros a enterrar un proyecto con más de cuatro lustros. Esa situación provocó muchísimos comentarios desafortunados acerca de mi persona y gestión. Numerosos medios de comunicación, web, blogs... me calumniaron. Obviaron cualquier acierto.

María Elvira Roca Barea, autora del libro *Imperiofobia y leyenda negra*, explica bien cómo presuntos intelectuales, gacetilleros, políticos fanatizados y otros colectivos de escasa preparación rechazaron cualquier atisbo de buen hacer de los imperios triunfadores, impregnando de mentiras y despropósitos. Aún hoy perdura un relato de la España de Felipe II sustentado más en visceralidades que en hechos y datos objetivos. Merece la pena leer al respecto *El encuentro de cuatro imperios*, de Fernández Aguado, entre otros textos de referencia. También yo a mi manera padecí una inicua e ilícita leyenda negra.

Llegó la negociación de mi cese. La firma de mi contrato había sido peleada meses antes con motivaciones apalancadas en la promoción de un gran proyecto, pero ningún punto reflejaba qué sucedería si el equipo desaparecía antes. Prácticamente no se cumplió nada de lo que aquel acuerdo reflejaba. El cierre por un ERE no se contemplaba.

Intervino mi asesor jurídico:

—Igor, es mejor un mal acuerdo que un buen juicio.

Me dolió. Era injusto. Poco había que hacer. Acepté el consejo y cerré el ciclo.

Durante un trienio se mantuvo la llama de la maledicencia sobre mi persona. Resultaba inviable contrarrestar tanta inmundicia. Convencido de que mis decisiones habían sido acertadas, opté por dejar pasar el tiempo.

Giancomo Landi, entonces director general del Grupo Generalli, propietario de Seguros Vitalicio, gran aficionado al ciclismo, me confió:

—Con frecuencia, cuando de alguien hablan mal es que es importante lo que hace. Que trabaje bien irrita a sus enemigos. Si no te mencionan es que no haces nada. Quédate tranquilo.

Baltasar Gracián reflexionaba al respecto: *«Triste cosa es no tener amigos, pero más triste debe ser no tener enemigos, porque quien enemigos no tenga, señal de que no tiene: ni talento que haga sombra, ni valor que le teman, ni honra que le murmuren, ni bienes que le codicien, ni cosa buena que le envidien».*

Tuve una extraña sensación de vacío. Me costaba enfocar el día a día. El golpe recibido había sido duro. Mis amigos, los «marqueses del buen vivir», me acompañaron como mejor supieron y pudieron en aquella dolorosa travesía.

Tenía que decidir hacia adónde dirigirme. Mi mujer, trabajadora social y en excedencia por cuidados de nuestras tres hijas mientras yo me encontraba en la vorágine, volvió a su puesto. Tomé las riendas de la casa. Las primeras lentejas en la olla rápida tuve que tirarlas, porque olvidé retirarlas del fuego... Al principio con la lavadora fue un desastre: mezclé colores y la ropa salió para payasos de circo. Tuve que aprenderme los horarios de mis hijas. ¡Qué lío las extraescolares! Con mi ausencia de experiencia en esos temas iba de cabeza. Ser amo de casa es una de las mejores inversiones que alguien puede hacer por sus hijos.

Mi vida paso de estar 24 h conectado al trabajo a dedicarme a otros menesteres: familia, reflexión y *hobbies*. Me movía en bicicleta por Vitoria. Un día, junto al parlamento vasco, coincidí con una político. Me saludó como si nada hubiera sucedido:

–*Kaixo* Igor! (Hola Igor) *Zer moduz*? (¿Qué tal?)

–Bueno. Pues ahora mucho más tranquilo, la verdad.

–Ya, ya... Igor, si necesitas cualquier cosa de mí, ya sabes donde estoy.

No pude reprimirme:

–*Eskerrik asko*! (¡Muchas gracias!)... Lo necesité en su momento y no me cogisteis el teléfono. Ahora ya no necesito nada.

Cuando tomaron la decisión de no seguir con el equipo sufrí, también por el síndrome del teléfono roto. Nadie atendió mis llamadas.

La soledad facilitó el soñar. A causa de las experiencias adquiridas como ciclista y director general no volaba alto. Tras la experiencia del cierre de una empresa, mi reflexión sobre el futuro debía ser pausada. No faltaron propuestas, como la creación de una universidad privada en Vitoria. Me plantearon incorporarme como socio. Tras analizar el *business plan* decidí que no. Para resolver, me apoyé en mi tío

Iñaki, hombre de negocios. Fue clave su visión financiera. Me sugirieron después colaborar en el desarrollo y acepté. Fue una experiencia muy positiva de ocho meses. Tuve la oportunidad de contemplar el deporte desde la perspectiva de la educación universitaria.

La iniciativa no cuajó por falta de financiación. En su fase final precisaba de una inversión que los gestores no encontraron. Hoy en día es gestionada por otra empresa que ha conseguido el ansiado apoyo económico. Las relaciones personales y el aval en gestión, como es el Alavés o el Basconia de baloncesto, han sido claves en este segundo intento.

Mientras tanto aconsejaba a ciclistas en activo. Inicialmente en preparación física, pero mi función acabó siendo más de asesoramiento personal. Me encontraba profesionales con miedos, sin rumbo, braceando en la incertidumbre. Contribuir a vencer miedos, trasladar certezas, identificar sus objetivos y aportar compañía eran mis aportaciones. Como por intuición fui dando pasos hacia lo que hoy es parte de mi trabajo.

Todo esto contribuía a no desconectarme de un mundo que me apasionaba. Pero como bien dice *La soledad del directivo, la soledad no puede ser evitada* (...). En cualquier caso, acudir a expertos, contrastar puntos de vista, reflexionar con la ayuda de otros, etc. no solo es conveniente, sino necesario y imprescindible.

Arranqué una colaboración con medios de comunicación —la COPE y Televisión española, entre otros— como comentarista de competiciones de ciclismo con el fin de reaparecer y regresar a la palestra. Esto provocó el comentario de algunos:

—¡Mira, Igor González de Galdeano! ¡Hacía tiempo que no le veía! ¿Qué hace ahora?

He conocido exdirectores generales de equipos de ciclismo que, tras la desaparición o cese de su actividad, terminan cansados de un mundo que creen que les ha maltratado. No soportan las críticas y acaban con un rechazo absoluto al mundo que tanto les ha apasionado. Yo también sufrí críticas y aprendí que son parte del trabajo del directivo. Hay que darles el valor que merecen. Responder se revela un error. Es mejor centrarse en las propias responsabilidades y comportarse siempre de forma ética.

El ciclismo, como tantos otros, es un mundo limitado y cerrado. En tu círculo social solo se habla de eso. Tiendes a leer noticias de ciclismo e incluso la mirada de panadera a la que vas piensas que está juzgando lo que ha sucedido... Con toda probabilidad solo está considerando si el mollete que tiene en el horno estará listo. La vida es mucho más que todo eso. Trabajo, trabajo y trabajo es el gran secreto. Como me ha reiterado en diversas ocasiones Javier Fernández Aguado, la clave del éxito es: *¡pico y pala!, Igor, ¡pico y pala!*

Contacté con una persona con la que a día de hoy sigo manteniendo una estupenda relación. Era el máximo responsable de una multinacional afincada también en España. Intercambié con él opiniones empresariales y personales. Me sugirió: «Igor, deberías introducirte en el mundo del asesoramiento personal, conceptualizar tus experiencias y poder trasladarlas a personas, así como a las propias organizaciones. Son de gran valía. Necesitas apoyo, estudio y trabajo. El resto lo tienes».

Fui dejando atrás la soledad. La vida del deportista es exigente y a la vez sencilla. Realizas sacrificios físicos, pero navegas dentro de un entorno estable y conocido. Como gestor de un proyecto de primer nivel, las cosas son diferentes. La toma de decisiones es terriblemente complicada. En ambos casos hay momentos en los que la tensión y la exigencia son tan colosales que precisas de un apoyo externo que te permita dar lo mejor. La dirección de una empresa no garantiza un entorno estable. El mundo está en transformación y el Covid-19 lo ha potenciado. ¿Por qué no acercar los dos mundos y crear puentes de comunicación para que nadie se ahogue en el río de la gestión? ¿Cómo ayudar a los deportistas para que no se queden sin agua en el desierto existente una vez abandonada la vida deportiva?

Directivo y ciclista profesional, ¡nos unen tantas cosas!

Puse en marcha una empresa nacida de esas vivencias con la intención de ayudar a las organizaciones a ser más competitivas y a la vez un mejor lugar para trabajar. Pretendía contribuir a que fuesen más atractivas, que generasen lazos con las personas que las conforman, pero también con clientes, proveedores o colaboradores.

¿Cómo encarar esta andadura? ¡Todo era nuevo! De repente no hay bicicletas, ni concentraciones en altura; desaparecen las carreras, has dejado de gestionar a sesenta personas. Me situé ante un nuevo desafío. Lo primero es crear una estructura legal desde la que trabajar. En medio de la burocracia te encuentras ante multitud de dudas. Entre otras: ¿qué nombre poner?, ¿cómo promuevo la empresa?, ¿qué capital inicial necesito para ponerla en marcha? Y, sobre todo, ¿dónde están los clientes?

Todas estas preguntas tenían respuesta cuando trabajaba como directivo en el equipo ciclista. Disponía de asesores, auditores, financieras y secretaria. Mi cometido era la dirección. La empresa estaba creada, decidido el nombre, la inversión inicial. Cuando aterricé como director general, todo estaba en marcha. Pero cuando comienzas una PYME, como único socio y impulsor, debes arrancar desde cero.

Para comenzar con la creación de la sociedad has de bautizarla, imprimir la misión, visión y valores y reflexionar realizando un DAFO, así como un plan estratégico. Cualquier empresa reclama una reflexión sobre cuál va a ser la misión. Yo busqué personas que me acompañaran con el fin de identificar clientes y centrar los servicios que iba a ofrecer.

Facturas, IVA, impuesto de sociedades... La parte fiscal está a tu cargo y debes comenzar a gestionarlos con la ayuda de una asesoría. Los servicios van cambiando, se van adaptando a cubrir las necesidades de los clientes que estén alineadas con tu misión. Has de buscar nuevas empresas con el fin de incrementar oferta. Cada experiencia ayuda a mejorar, buscando siempre la satisfacción de quien te ha contratado. Como se señala en *1010 consejos para un emprendedor*, poner en marcha una entidad mercantil es como una carrera de obstáculos en la que lo único seguro es que el siguiente será diverso del anterior.

Como ciclista estaba acostumbrado a que me inquiriesen los medios y a que sin salir de casa me llovieran ofertas de patrocinio. Como CEO era la referencia de un proyecto expuesto a la opinión pública, pero todo había mutado. Como potencial cartel publicitario has sido sustituido por otro ciclista en activo y por otro gestor. Necesitaba salir en busca de clientes. No es fácil. Debes moverte. Nadie te viene a buscar. Implica aprendizaje. Contacté con personas que se encargan de gestionar los contratos y el devenir de deportistas profesionales. Así empecé mi nuevo papel de comercial en la conexión empresa-deporte

En pleno siglo XXI no solo es importante tener presencia en los medios de comunicación; también debes posicionarte en Internet. Resulta imprescindible navegar a toda vela en las redes sociales. Me reuní con profesionales para desarrollar la imagen global. En ese proceso sigo inmerso. Los contenidos en la web son modificados con frecuencia, al igual que los mensajes en redes. Analizo los posibles interesados, intento contactar con ellos y trato de que descubran en mí una herramienta de mejora. Así nació Kirolife y así fue creciendo.

Uno de los primeros proyectos fue el «Machining Meets Cycling by CERATIZIT». Más adelante comencé a colaborar con ATS España. Desde 2019 hemos desarrollado una innovadora propuesta para fundir ciclismo, empresa y formación profesional. Hemos involucrado a escuelas de jóvenes ciclistas y a empresas. Todos han comprendido lo relevante que es proporcionar oportunidades para que los jóvenes no deban decidir entre estudio y ciclismo. Hemos perfeccionado un plan de coordinación entre bicicleta y formación profesional a través de *Mecanizados*, uno de los grados con más y mejores posibilidades para encontrar empleo. Las empresas son nuestros socios naturales en este camino, pues, como es lógico, se sienten involucradas en difundir una correcta imagen de la insustituible formación profesional.

Esto es solo un primer paso. En el futuro necesitaré de personas de otros ámbitos para que Kirolife siga creciendo. Me apoyaré en especialistas en otras materias que complementen un equipo pensado para la mejora organizacional desde la óptica de las personas como centro de las entidades mercantiles.

Mi preparación debe ser continua y mi formación y conocimientos deben seguir creciendo para dar respuesta a las necesidades de los clientes. Javier Fernández Aguado, referente internacional en *management*, me ha proporcionado la oportunidad de formarme de su mano y mejorar Kirolife. Ha sido, y continúa siendo, un indudable apoyo en la conceptualización de mis experiencias.

Enrique Sueiro le dedica el capítulo 8 de su libro *Brújula directiva. 25 horizontes*: «Aprendiendo de Javier Fernández Aguado». En su introducción comenta lo siguiente: «*En la línea de Drucker y con mayor calado intelectual (...) muy consciente de la dimensión directiva de la comunicación, desmenuza docenas de aplicaciones en sus treinta libros (...). Es el caso de 'El idioma del liderazgo', donde afirma que dirigir personas es lograr que, en la medida de lo posible, la gente quiera hacer lo que tiene que hacer...*».

Gracias, Javier, por tu abrumador conocimiento, de profundidad y aplicabilidad insuperables para quienes anhelamos desarrollar su potencial personal y profesional.

Kirolife aspira a convertirse en una cara positiva del deporte. Conocemos la tensión que existe en el máximo nivel y sabemos cómo manejarla desde la amabilidad, la sonrisa, la felicidad de asumir lo que haces y disfrutar. Los proyectos no pueden dejarse a medias. La profesionalidad debe estar siempre garantizada desde el primer paso hasta el último.

Desde la óptica deportiva trabajamos para ayudar a cambiar dinámicas. Esto es Kirolife, mi nuevo plan de vida. El mundo ha cambiado y con más celeridad en los últimos meses. Es el momento de proporcionar respuestas y ofrecer el apoyo que yo tantas veces eché de menos. Seguiré aprendiendo y sonriendo. Nuevos retos exigen nuevos compromisos.

Un ciclista y un directivo lo son las 24 horas del día

EFE Madrid|11 dic. 2020-David Aguilar

No son muchos los españoles, apenas una docena, que pueden presumir de haber portado durante un tiempo el maillot amarillo del Tour de Francia. Igor González de Galdeano lo llevó siete etapas en 2003, y ahora, lejos del ciclismo profesional, relata su experiencia en formaciones a directivos de empresas.

«Un ciclista es como un directivo, lo es las 24 horas, no solo las 8 que está en la oficina o las 4 que transcurre una etapa», asegura a EFE el exciclista vitoriano, que fue también director deportivo del desaparecido equipo Euskaltel hasta 2012 y ahora agrupa bajo la marca Kirolife sus proyectos, en los que combina el ciclismo y la empresa, la formación y las conferencias.

«Lo que hacemos es un puente entre deporte y empresa», asegura González de Galdeano, que entre varios proyectos impulsa uno de formación dual de jóvenes ciclistas de entre 13 y 17 años que combinan la bicicleta con la formación profesional en la industria del metal junto a la compañía austriaca Ceratizit.

Por otra parte, el exciclista alavés ofrece a las empresas actividades que utilizan el deporte para trabajar conceptos como el trabajo en equipo, el liderazgo o la empatía, así como prepara actividades con sus clientes en los que se une empresa y ciclismo, o forma a altos directivos para mejorar su productividad y liderazgo.

-Pregunta (P): Una de las charlas que está dando se denomina 'El maillot amarillo en las organizaciones', ¿en qué consiste?

-Respuesta (R): He tenido la suerte de ser uno de los doce españoles que ha tenido un maillot amarillo del Tour. Lo tuve una semana en 2003, para mí fue uno de los puntos más importantes de mi carrera, y lo cuento desde ahí.

Con esto trabajo tres temas: la gestión por hábitos, la importancia de la formación y por qué es importante el talento, por qué los diferentes equipos ciclistas se pegan por los principales talentos.

-P: ¿Cómo es su día a día entre estas diferentes actividades?

-R: Voy combinando poco a poco. Lo más importante es que no busco dar una charla motivacional, sino una conferencia que dé una herramienta útil para su día a día en sus empresas. Los clientes son personas de alta dirección, que hacen deporte, que no tienen mucho tiempo pero el deporte es primordial para ellos, les encanta el deporte, lo viven como algo muy importante y utilizarlo como herramienta de formación les gusta mucho.

-P: No es el único exciclista que hace formación para empresas, también lo hace Luis Pasamontes. ¿Qué tiene el ciclismo para sintonizar tan bien con los empresarios?

–R: Posiblemente el ciclismo, por la disciplina que te conlleva, el esfuerzo, el nivel de sacrificio que tiene un ciclista, los 200 días que se pasa conviviendo las 24 horas con un equipo, eso genera muchas experiencias. Muchas veces no nos damos cuenta de todo lo que vivimos.

Una vez uno, como Luis, sabe conceptualizar eso puede transmitirlo y en mi caso es igual. Yo tuve la oportunidad de liderar equipos y lo cuento desde esta perspectiva. El ciclismo te da oportunidad de vivir muchas cosas y poder contarlas.

El ciclista yo creo que es como un directivo, lo es 24 horas, un directivo no son las 8 horas que está en su empresa, sino todo el día está con su cabeza puesta en ella.

–P: ¿Como ve el estado del ciclismo español? Este 2020 es uno de los pocos que no ha habido un español en un podio en una gran Vuelta.

–R: Yo creo que hay un ciclismo, que es el sudamericano, que ha roto moldes y lleva años haciéndolo. Es una ola. En el ciclismo español llevábamos una gran ola con Alejandro (Valverde), (Alberto) Contador, Purito (Rodríguez), Samuel (Sánchez), y esos ciclistas como (Joseba) Beloki, (Abraham) Olano, cuando estuve yo, que te daban pódiums y grandes victorias y quizás echamos en falta esto.

Pero están viniendo ciclistas. Estamos en un momento bajo, y la pandemia no es excusa, pero están viniendo ciclistas y pronto volveremos a estar en la cresta. Es un final de ciclo y el inicio de otro.

-P: A diferencia de su etapa, ahora hay muchos menos equipos ciclistas españoles de primer nivel, solo está Movistar en la máxima categoría.

-R: Para mí, una de las claves. Llevaremos 5 años o más, desde que desapareció el Euskaltel, con un vacío importante en el ciclismo nacional. Esto hace que el número de ciclistas españoles sea mucho más bajo y las posibilidades de sacar ciclistas sean menores.

Antes teníamos al Movistar, Kelme, la ONCE, Euskaltel... Grandes equipos con 30 ciclistas cada uno. Ahora está Movistar y gracias, y menos mal que van saliendo Caja Rural, la Fundación Euskadi, el Kern Pharma, que tiene buena pinta, y estoy convencido de que en poco tiempo veremos ciclistas españoles arriba.

Yo soy optimista. Hay un equipo como el Lizarte que está haciendo una gran labor, está pasando a todos al Kern Pharma (equipo UCI Continental), y eso hace que vayan a crecer en los próximos años mucho.

-P: Volver a dirigir un equipo, ¿lo tiene en mente?

-R: No, ya he pasado esa fase, estoy ahora en este proyecto, es un proyecto a largo plazo, he cambiado mi visión. Sigo colaborando con equipos, con ciclistas, porque me gusta el ciclismo y es inevitable, pero montar un equipo no está dentro de mis prioridades.

Lo tengo aparcado, cerrado no porque el ciclismo está siempre ahí, pero aparcado. Estoy centrado en esto e intentando ponerlo en marcha.

Epílogo

Con frecuencia dejamos pasar las experiencias como agua que corre, sin detenernos a analizar lo que han supuesto para nuestra existencia. Tras leer detenidamente este libro, me pregunto: ¿qué me ha aportado Igor como líder en mi trayectoria deportiva? Y más ampliamente, ¿te puede marcar un líder a nivel personal?

Siento el sano orgullo de haber formado parte de la trayectoria profesional y personal de Igor. Un buen líder, como enseña el pensador español Javier Fernández Aguado, es aquel que cuando concluye su ciclo de gobierno deja una organización en mejor situación de la que la encontró. ¡Igor me dejó en mejor situación de la que me encontró! Mis mejores éxitos deportivos los conseguí cuando él lideró el Euskaltel-Euskadi.

Recuerdo la primera vez que oí hablar de Igor. Sucedió cuando era uno de los mejores *amateurs* de España. Igor corría en el equipo Banesto, formado por prometedores ciclistas que aspiraban al nivel profesional. Yo era entonces un cadete que los martes acudía al quiosco a comprar el META 2000, uno de los medios escritos con más tirada e influencia en el mundo del ciclismo en los años 90 en España. Era la «Wikipedia del ciclismo».

Los compañeros de equipo en una de las carreras por etapas referente del ciclismo nacional en los años 90, la Vuelta a Asturias, teníamos la costumbre de acudir en bici a los hoteles donde se hospedaban para conseguir autógrafos de nuestros ídolos: Miguel Induráin o el suizo Tony Rominger. Recuerdo una visita de manera especialmente viva. Fue en el hotel Samoa, en El Berrón. Allí vi a Igor en compañía de su hermano Álvaro. Exclamamos:

—¡Mirad, son los hermanos Galdeano! ¿Quién es el mayor? ¡Álvaro! Igor es el pequeño, el que ganó la Bira.

La Bira era una Vuelta de cuatro días de jóvenes ciclistas con proyección nacional e internacional que transcurría por tierras vizcaínas.

¡Quién me iba a decir entonces que Igor iba a marcar un antes y un después en mi trayectoria profesional!

Años más tarde, el destino nos unió a los dos encima de la bici. Igor es seis años mayor que yo. La diferencia de edad no era tan notoria como en categorías inferiores. Había una diferencia de estatus dentro del pelotón y de reconocimiento. Igor era una estrella del ciclismo mundial, y yo un osado neo profesional.

El inicio de nuestra relación fue peculiar. Durante la primera etapa no simpatizamos mucho. Yo era un deportista osado. Igor se encontraba en la cúspide. Era un referente y siempre le había respetado. Pasados los años, y observando la situación en clave de humor, creo que se estaba haciendo mayor y tocaba demasiado el freno como chico precavido del norte.

Tiempo más tarde, en 2005, me comunicaron una noticia relevante: «*Igor González de Galdeano se retira del ciclismo profesional*».

Como él me ha confirmado, aquella fue una decisión meditada. Siempre he pensado que pudo haber conseguido más, que tenía madera para ello, pero no hay duda de que cuando uno toma esa decisión es porque la ha sopesado.

En noviembre de ese mismo año me llamó Miguel Madariaga para informarme de que iba a incorporar a una persona importante.

—Nos va a dar un plus.

No me comunicó quién podía ser. Ni por asomo pensé en Igor. Cuando Miguel finalmente me lo contó, sentí un cosquilleo. Pensé: «¡Si Igor no me traga! ¡A ver cómo me arreglo yo ahora!».

Tras algunas reuniones, y fundamentalmente tras una actividad de *paintball* en pretemporada, todo cambió. En mi rol de ciclista no me imaginaba que aquello estaba dirigido hacia un análisis del liderazgo de cada uno.

Tardamos poco en generar un clima de confianza. Fue capaz de poner el contador a 0 y evitar prejuicios. Dejó actuar a cada uno. Recuerdo el primer gran objetivo: la Vuelta al País vasco 2006.

Semanas antes, tras un entrenamiento, me trasladó: «Samu, tú serás nuestro líder».

A pesar de las reticencias que mostraba la directiva anterior a esa decisión, Igor se mantuvo firme. Vislumbraba en mí algo que ni siquiera yo conocía.

Consiguió hacerme pasar de ser un buen ciclista a uno de los mejores del mundo, en la mejor generación de todos los tiempos en España, junto a Alberto Contador, Joaquín Rodríguez o Alejandro Valverde. Su capacidad de liderazgo generó frutos. Me hizo pensar como un líder. Me planteó objetivos ambiciosos. Su apoyo fue fiel. Cumplí objetivos, y eso provocó que aumentase mi hambre por la victoria.

Me enseñó a canalizar las decepciones. En el Tour 2010 perdimos el podio en la penúltima etapa, la crono. Lloré desconsolado. Sentí que había fallado. Igor estaba igual de triste, pero me insistió en que estuviera tranquilo porque volveríamos más fuertes. ¡Qué palabras más motivadoras! Al año siguiente sucedió lo que pronosticaba. En 2011 ganamos la etapa con la que siempre soñé. Llegó una de mis victorias más emocionantes, en Luz Ardiden, acompañado del maillot de lunares de vencedor de la montaña del Tour.

El día que aseguramos la montaña, el maillot más importante después del líder del tour, noté algo raro.

Se sentía mal por haber dejado pasar la victoria en otra gran etapa del Tour, Alpe d'huez.

—Samuel, en este nivel de competición no puedes ser conformista —me reconvino. Tenía razón. Creía más en mí que yo mismo.

Me llevó a ganar en especialidades donde yo nunca imaginé, como en la contrarreloj de la Vuelta a España 2007, donde conseguí mi primer pódium. ¿Quién lo hubiera dicho? Aquella victoria en la crono final de la Vuelta a España para conseguir el podio fue una de las más significativas de ese proceso de crecimiento. Ningún ciclista lo ha logrado de esta manera desde entonces.

Siempre me indicaba que estaba consiguiendo mejores resultados deportivos como director que en su trayectoria como ciclista profesional. Logramos el podio de la Vuelta, del Tour, ganar un oro olímpico, clásicas... ¡Palmarés de éxitos! Lo importante para mí es que logramos compaginar nuestra vida personal y profesional. Somos líderes en ambas áreas. Él me ha ayudado a no perder de perspectiva que la humildad es uno de los valores esenciales de un líder.

No ha sido un camino sencillo. Alguna vez hemos estado en desacuerdo, pero siempre buscando el consenso. Como propone Stephen Covey en el «cuarto hábito» de su libro sobre las personas altamente efectivas, aplicábamos la negociación de ganar-ganar. Ambos mirábamos por el equipo y por las personas que lo conformaban. Con voluntad y buen corazón. Sus dotes de liderazgo se plasmaban en su capacidad de comunicación y escucha.

La confianza nos ha hecho conseguir cosas impensables aquel primer día que se hizo cargo de los cambios dentro del Euskaltel-Euskadi. En momentos duros de mi carrera deportiva y de mi vida personal siempre ha estado ahí. Tanto él como su familia me han proporcionado consejos acertados, me han incitado una sonrisa y, sobre todo, me han enseñado a conceder la importancia justa a cada suceso.

Las experiencias vividas nos han generado una visión diferente ante las situaciones que tenemos que afrontar actualmente: él al frente de Kirolife o yo en Samuel Sánchez MMR Academy. En ambas iniciativas mostramos la pasión por lo que hacemos. Seguimos colaborando gracias a nuestro aprendizaje dentro del deporte que amamos, el ciclismo.

Igor asegura que el deporte es una auténtica escuela de vida. Muchas de las experiencias vividas en el ciclismo sirven para salir de situaciones complejas en nuestra vida diaria y en el mundo laboral. Ese conocimiento no podía desperdiciarse.

¡Enhorabuena por este libro, y gracias por dejarme formar parte de él!

Samuel Sánchez

Recomendaciones de lecturas

En este libro he querido ir más allá de narrar vivencias personales. Su elaboración me ha inducido a una profunda reflexión. He conceptualizado experiencias que he vivido como deportista, gestor y emprendedor. Espero que el lector considere que he conseguido el objetivo.

El acompañamiento es fundamental en cualquier proyecto, sobre todo si es nuevo para ti. En el desarrollo de este texto he contado con el apoyo de Javier Fernández Aguado, un profesional con un conocimiento y una humildad extraordinarios.

Menciono lecturas que me han ayudado a calar en el significado de experiencias que he narrado en estas páginas.

- MARCO AURELIO. *Meditaciones*. Con mensajes cortos y un lenguaje cercano, Marco Aurelio detalla cuáles han sido los principios que han guiado su vida. Fácil de leer, proporciona sabiduría a raudales.

- EPICTETO. *Manual de la vida*. «*Primero descubre los que quieres ser y luego haz lo que tengas que hacer*». El autor estoico realiza sugerencias sobre la felicidad, resumidas en centrarse y controlar lo que está en tu mano: la capacidad de valorar lo que tienes y lo que necesitas.

- ERASMO DE ROTTERDAM. *Educación del príncipe cristiano*. Obra dirigida al príncipe Carlos, pronto emperador. Lecciones de buen gobierno, donde la educación, formación y desarrollo del dirigente son esenciales. Así lo trasmite en el inicio de su texto, redactado en 1516:

«En la navegación el timón no se lo confía a quien aventaja a los demás por su nacimiento o riqueza o aspecto físico, sino a quien es superior en su pericia en el pilotaje, en la vigilancia, en la rectitud... sabiduría, justicia, moderación de ánimo, previsión, celo del bienestar público».

- JOSEP JOUBERT. *Pensamientos.* Los aforismos de francés Josep Joubert (1754-1824) inducen a calar en la condición humana y sus relaciones, la política, el amor, la historia.... «Uno de los pensadores franceses más profundos y originales de todos los tiempos...», comienza su traductor.

- STEPHEN R. COVEY. *Los 7 hábitos de la gente altamente efectiva. «Casi todo el mundo intuye que su comportamiento, tanto en el trabajo como en la vida privada, podría mejorar en muchos aspectos, pero pocos saben cómo conseguirlo».* Con millones de ejemplares vendidos, es una obra oportuna para entender en 7 etapas (hábitos) cómo mejorar a nivel personal y profesional, adaptando dichas etapas a la personalidad de cada uno. Partamos siempre, como señalaron Marco Aurelio y Erasmo de Rotterdam, de nosotros mismos.

- DWIGHT D.EISENHOWER. *Cruzada en Europa.* Eisenhower, comandante aliado estadounidense con Europa, nos traslada cómo se gestionó la Segunda Guerra Mundial, haciendo un repaso a los grandes sucesos de aquellos años: alianzas entre Rusia, Inglaterra y Estados unidos, para derrocar a Hitler. Nos ilustra estrategias, diferencias de liderazgo, gestión de personas... Una historia que ayuda a entender cómo las organizaciones militares administran los egos y extravagancias. Una obra necesaria en el análisis desde la perspectiva del que fuera el comandante de Estados Unidos en Europa en la victoria de los aliados.

- WALTER J. CISKEK. *Caminando por valles oscuros*. Memorias de un jesuita en el Gulag. Ayuda a entender cómo este religioso fue capaz de sobrevivir a los peores de los infiernos gracias a su fe. Cuerpo, mente y humildad llevan a sobrevivir en el entorno más hostil, propio de las dictaduras comunistas, que uno pueda imaginar.

- JAVIER FERNÁNDEZ AGUADO. *Liderar en un mundo imperfecto*. Calificado como el 'Peter Drucker español', en esta obra aporta un enfoque conceptual con aplicaciones prácticas sobre cómo dirigir personas. Obra escrita hace más de 20 años, sigue siendo actual para el desarrollo de las organizaciones más punteras.

- DAVID C. MAcCLELLAND. *La sociedad ambiciosa*. Analiza los factores psicológicos en el desarrollo económico que han influido en el presente y futuro de los diferentes países. N(ecesidad) de afecto, N de logro o N de poder, son conceptos que analiza como centro de investigación del desarrollo de las diferentes sociedades a lo largo de la historia.

- MARIA SALISACH. *Desde la dimensión intermedia*. Novela que analiza la realidad que vivimos ajenos a lo que realmente está pasando. Una obra con mucho conocimiento sobre las relaciones personales basadas en intereses económicos y de poder.

- ANDREW ROBERTS. *Napoleón y Wellington*. Andrew Roberts, reconocido historiador inglés, nos ofrece una visión original y actual de las relaciones entre dos de los generales más importantes de la historia. El autor nos traslada desde una exhaustiva investigación, con la batalla de Waterloo como punto de partida.

- ANDREW ROBERTS. *Churchill y Hitler. Los secretos del liderazgo.* Examen de dos piezas claves en la segunda guerra mundial, desde la perspectiva de su capacidad de liderazgo. Se detalla las relaciones que mantenían ambos con sus aliados, la sociedad, la política o con las tropas. Churchill dirige a millones de personas con su modelo de liderazgo hacia la salvación y Hitler los encauza hacia la destrucción.

- ENRIQUE SUEIRO. *Brújula directiva, 25 horizontes.* «*Más brújula y menos cronómetro*» es la premisa de Enrique Sueiro en la presentación de esta obra. Reflexiones inspiradoras del autor tras 30 años de experiencia profesional. Análisis de 25 personalidades que han tenido su influencia en diferentes áreas, desde la filosofía, la religión, el management o la investigación.

- DINO BUZZATI. *El desierto de los tártaros.* Novela que narra la vida de Giovani Drogo. Muchas veces dilapidamos la vida aferrados a situaciones que nos cuentan pero que nunca hemos visto y que es muy posible que nunca sucederán, dando nuestra vida por ellas.

- RICARDO YEPES STORK/JAVIER ARANGUREN ECHEBARRÍA. *Fundamentos de la antropología.* Fundamentación del ser, de nosotros mismos. Espiga propuestas sobre los sentimientos, el carácter y la libertad. Se detiene en el papel de la amistad, el amor y la felicidad, la importancia de los hábitos. Profundiza desde la antropología sobre las preguntas que muchas veces se formula el ser humano.

- SANDOR MARAI. *La mujer justa.* Tres puntos de vista sobre una misma historia de pasión, mentiras y traición. Desgrana de forma magistral cómo viven las personas las diferentes oportunidades que les brinda la vida. Una desde la serenidad, los principios y el respeto. Otra desde la desconfianza, la inferioridad y la venganza. Y el protagonista centro de toda la historia, desde la burguesía, el dinero y la confusión.

- ROMANO GUARDINI. *La etapas de la vida.* El ser humano frente a la vida, desde que es niño, joven, adolescente, maduro o en la fase final de anciano. Texto sencillo, equilibrado y profundo.

- MARÍA ELVIRA ROCA BAREA. *Imperofobia y leyenda negra.* Relación de los imperios y las leyendas negras, generadas desde la propaganda y no basadas en hechos reales. Fulleros anglosajones y galos, rencorosos del éxito de las armas y la evangelización españolas en América, fueron promotores de insultos. Situaciones que suceden en muchos ámbitos de la vida, muy relacionados con la envidia, esa necesidad de degastar al oponente o desacreditarlo.

- JAVIER FERNÁNDEZ AGUADO y JOSÉ AGUILAR. *La soledad del directivo.* La quinta edición de un libro que incluye experiencias prácticas, históricas y teóricas, desarrolladas por dos referentes en el *management* internacional. *«Liderar no es lograr que la gente quiera hacer lo que tiene que hacer».* Compromiso, entrega y gestión de las personas, centran el desarrollo de un libro que debe de estar en cualquier biblioteca personal.

- DAVID JIMÉNEZ. *El director.* Quien fuera director del periódico *El mundo* describe con detalle la influencia del poder político y económico sobre los medios de comunicación. El desarrollo del libro se centra en la época de crisis económica y de liderazgo político en España, donde se destapan algunos escándalos políticos. En pocos años, eclipsados por otros mayores que alguien nos narrará más adelante.

- JAVIER FERNÁNDEZ AGUADO. *Roma. Escuela de directivos.* Libro que nos refleja aciertos y desaciertos de los grandes emperadores Romanos. Enseñanzas que te hacen reflexionar sobre si la actualidad es tan diferente como pensamos. Aníbal, Escipión, Julio Cesar, Calígula, Adriano o Trajano, entre otros muchos son analizados desde sus aciertos y desaciertos en la gestión del imperio y en su posición de liderazgo.

- RAMIRO BENGOCHEA. *¿Cooperamos?* Ramiro Bengochea, director general de la zona sur de Europa de la multinacional CERATIZIT, hace una reflexión desde la práctica y la experiencia sobre la cooperación. Conceptos como la confianza, la colaboración, los sistemas de confianza, los objetivos de empresa, la comunicación y el liderazgo de los equipos de trabajo, son tratados desde una visión práctica y completamente innovadora.

- JUNG CHANG. *Cisnes salvajes.* Jung nos presenta una obra maestra, sobre como vivieron tres generaciones de mujeres, abuela, madre e hija (Jung), el desarrollo de la sociedad china desde 1909, que es cuando nace la abuela de Jung hasta 1978, en el momento que a Jung le toca una beca para irse a estudiar a Londres. Diferentes regímenes gobernaron en China hasta que llego Mao Tse Tung, un desconocido asesino despiadado que está en el ranking de los gobernantes comunistas que más muertes han causado a la humanidad .

- HANS ROSLING. *Factfulness*. «*10 razones por las que estamos equivocados sobre el mundo y por qué las cosas están mejor de lo que piensas*», te llevan a una reflexión sobre cómo procesar la información que recibimos, así como la visión generalista que tenemos sobre las informaciones que influyen en nuestras creencias. Un libro que te ofrece una visión científica y estadística basada en informaciones objetivos de órganos institucionales reconocidos a nivel mundial.

- CARDENAL ROGER ETCHEGARAY. *Eugenio de mazenod*. El liderazgo no solo esta reflejado en los grades nombres de los creadores de las exitosas multinacionales actuales. El liderazgo está en otros muchos ámbitos, y en este libro nos narra la vida de Eugenio de Mazenod (1782-1861), cómo llegó a desarrollar una de las congregaciones (los Oblatos) desde el sur de Europa, Marsella. Actualmente, los Oblatos de De Mazenod, tiene presencia en casi setenta países.

- ALAN BULLOCK. *Hitler y stalin: vidas paralelas*. Muchas veces nos quedamos en el final de las historias. Dos dirigentes históricos, lideres, no por sus logros y mucho menos por la cantidad de fallecidos que arrastran sus mandatos. Obra maestra de Alan Bullock que nos muestra las vidas «paralelas» de dos de los hombres más influyentes de la historia.

- RANDY PAUSCH. *Última lección*. El profesor Randy Pausch iba a participar en un ciclo de conferencias en el que se pedía a varios profesores universitarios profundizar en real sentido de sus vidas para dar una hipotética ultima conferencia. Randy fue diagnosticado de cáncer de páncreas un año antes de su conferencia. Optimista y con una visión muy positiva se centró en dejar huella en la vida que le quedaba, a nivel personal, familiar y profesional. Un libro que nos habla del real «sentido de la vida».

Agradecimientos

Pedaleando hacia el éxito directivo contiene enseñanzas basadas en experiencias personales y profesionales de quien ha sido ciclista profesional reiteradamente galardonado y directivo. Este proceso no lo he vivido solo. He sido acompañado de muchas personas que han sabido apoyarme, entenderme y acompañarme en un proceso que ha estado lleno de emociones, sentimientos, éxitos y dificultades.

Mis padres, Luis y Edurne, fueron los grandes artífices del primer impulso. Me inculcaron principios, creencias y valores. Ellos pusieron la base sólida para que todo se soportase.

Mis hermanos, Álvaro y Ainhoa, son extraordinarios. El primero por ser compañero de viaje, y muchas veces *coach*, y la segunda por ser seguidora incansable de los dos.

Nerea, mujer fiel, trabajadora y disciplinada, ha sido la verdadera artífice de mi estabilidad emocional, imprescindible para alcanzar cualquier reto profesional. Apostó por mí, por mi carrera profesional, por desarrollar una familia juntos, pero sin dejar atrás sus objetivos como mujer. Hoy, como trabajadora social, desarrolla su pasión por ayudar a personas desfavorecidas.

Mis hijas Nahia, Maddi y Paule son el faro que da sentido a todo lo que hago desde que Dios nos bendijo con ellas. Es inevitable no pensar en las tres cada vez que impulso un proyecto.

Mis amigos, los «marqueses», mis confidentes, compañeros y seguidores. Fieles e incombustibles, han sido capaces de sacar lo mejor de mí mismo.

Mi agradecimiento a todas aquellas personas que me han apoyado. Desde mis inicios en la escuela Dulantxi, con todos los técnicos que trabajaban de forma altruista para que fuésemos buenas personas y, de paso, si podía ser, eficaces ciclistas. Podría mencionar muchos nombres y no acabaría. Ellos y yo sabemos quiénes son.

La bicicleta ha sido compañera de viaje con la que he recorrido numerosos países. Me ha generado una inefable sensación de libertad. Me ha educado, me ha ayudado a sentir, pensar, razonar y a tomar decisiones.

Javier Fernández Aguado, a quien conocí por casualidad en Marbella gracias a la amistad de mi hija Paule con su hija Sofía, me ha enseñado a pedalear –y bucear– entre manuales y conocimiento. Gracias por su cercanía y humildad. Él me animó a escribir este libro. Entre las muchas enseñanzas que he recibido de este *coach* sabio se incluye que el éxito es fruto de una combinación de tres elementos. Así lo explica, entre otros lugares, en su obra *Roma, escuela de directivos* (LID Editorial):

«El éxito en la vida es una peculiar mezcolanza de trabajo, ilusión y suerte. Hay personas que cuentan con alguno de los tres elementos. Sin embargo, para que los frutos sean duraderos, la historia demuestra que es imprescindible combinar los tres. Quienes trabajen de forma rutinaria lograrán repetir objetivos previamente conseguidos, pero difícilmente innovarán si no cuentan con la ilusión capaz de convertir rutinas en hábitos. Por otra parte, quien mucho se esfuerce derrochando entusiasmo, precisará de un poco de suerte para que los frutos surjan y florezcan».

La vida de Igor en imágenes

I. El legado

Una de mis primeras carreras. (1984 Barrio de Armentia-Vitoria).

Mis hermanos, primos y amigos, Hilario y Rubén. Larrea (1989).

Deportes

16 / Nuevo Diario — Miércoles, 5 de junio de 1991

La Selección Española de Ciclismo, en su categoría de juveniles, se encuentra en Cuenca en régimen de entrenamiento, en el Hotel Cueva del Fraile, desde el pasado uno de junio hasta el día cinco. Al frente de la expedición, y como seleccionador, se encuentra Fernando Arteaga, acompañado por José María López de Munáin, e Iñigo Aranzeta, como masajista y mecánico, respectivamente. La concentración del equipo juvenil, que nos representará, en los próximos Campeonatos Mundiales, se ha instalado en Cuenca durante estos cinco días, por las garantías recibidas, por el presidente de la Federación Conquense de Ciclismo, tanto al alojamiento, tranquilo y cómodo, como las rutas que podían elegir, de cara a una óptima preparación, de cara a esos temidos mundiales.

La Selección Española de Ciclismo en Cuenca

Como preparación para los próximos Campeonatos del Mundo Juvenil, a disputar en Colorado

Nno/ ND

CUENCA.— La Selección Española Juvenil de Ciclismo, se ha instalado durante cinco días, en el Hotel Cueva del Fraile, para dar los últimos toques de preparación, de cara al Campeonato del Mundo, que se disputará entre los días 11 y 14 de junio, en el estado norteamericano de Colorado.

Al frente de la expedición se encuentra como seleccionador y máximo responsable, el vitoriano, Fernando Urteaga, quien ya lleva tres años al frente de la misma.

Uno de los motivos principales por los que el seleccionador nacional ha elegido nuestra capital, ha sido el buen estado de la carretera, donde pueden preparar perfectamente, la prueba contra-reloj, y en la cual, lo más importante es la sincronización, con poca circulación que los interrumpa en los relevos. Según palabras del máximo responsable del equipo nacional, no han venido antes, por estar pasando el reconocimiento médico en Madrid.

La expedición está formada por corredores, en su mayoría internacionales, y con muchísimas aspiraciones para conseguir un resultado magnífico, no descartando en ningún momento la consecución de alguna que otra medalla, que muy cerca estuvo de conseguirse en Moscú hace un par de años, pero una avería mecánica impidió que ésta se alcanzara, ocupando la octava posición, algo que jamás se había logrado, pero el destino jugó una mala pasada, y uno de los corredores rompió la máquina.

La selección a falta de cuatro corredores que no han podido desplazarse a Cuenca por motivos de estudios, concretamente, dos navarros, un vallisoletano, y un guipuzcuano, está formada por:
Igor González, de Álava.
Alfredo Ezquerra, de Zaragoza
José A. Gil, de Barcelona
Aitor Asla, de Vizcaya
Juan Berakoetxea, Guipúzcoa
Juan Luis García, de Albacete
Valentín Zubieta, de Cantabria
Miguel A. Muñoz, de Madrid
Victoriano Fernández, Valencia

Este es el ramillete de ciclistas que nos van a representar en el Campeonato del Mundo, y en el que el seleccionador, tiene puestas todas sus confianzas, entre otras cosas porque los conoce muy bien, y tanta es su confianza, que apuesta firmemente por ellos, al asegurar que si en este año no lo consiguen, tendrán que pasar muchos más, para volver a tener esta oportunidad.

No solamente es Fernando quien tiene confianza en conseguir un buen resultado, también los mismos corredores están seguros de traerse el metal, y entre ellos se encuentra el único representante castellano-manchego este es, Juan Luis García, de Albacete, que en alguna que otra ocasión, ya ha visitado nuestra capital, y por supuesto que espera estar entre el grupo selectivo que nos represente en los mundiales.

Uno de los puntales del equipo español es el guipuzcuano, Juan Mari Berakoetxea, vencedor de la última subida a Montjuich, asícomo González de Galdeano, con un magnífico palmarés en su etapa de cadete, que venció en unas catorce pruebas, y una premundial juvenil en Vitoria. No nos gustaría olvidarnos de ninguno, porque en estos chicos está el futuro del ciclismo nacional, como es el caso de Ezquerra, y el resto de compañeros.

Preparación del Mundial Colorado (1991)

Igor Galdeano, bronce en la contrarreloj por equipos en el mundial de Colorado

C. S. VITORIA

La selección española consiguió el pasado jueves la medalla de bronce en el campeonato del Mundo junior de ciclismo –modalidad contrarreloj–, disputado en Colorado (Estados Unidos). Los cuatro españoles que participaron en la prueba fueron el alavés, Igor González de Galdeano; el cántabro, Valentín Zubieta; el valenciano, Victorio Fernández y el catalán, Jesús Gil. Estos ciclistas recorrieron los 70 kilómetros de los que constaba la cronometrada en un tiempo de 1.35.30, con un promedio de 45 kilómetros por hora.

Los cuatro corredores que acudieron a la competición fueron elegidos por el selecionador nacional, Fernando Urteaga. Es la primera vez en los treinta años de existencia de esta prueba en que la selección española consigue superar el sexto puesto que consiguió en su mejor actuación.

El próximo domingo se disputará, también en Colorado, una carrera en línea sobre un trazado de 120 kilómetros. A esta competición acudirán Iñigo Roldán y Juan María Beracoechea, además, de los cuatro ciclistas anteriores.

En primera posición se clasificó el equipo ruso, que invirtió 1.31.57, casi cuatro minutos menos que el conjunto español.

Medalla mundial 1991

2. La estrategia y sus dificultades

1991. De izquierda a derecha: Javier Pascual, yo, mi hermano Álvaro y el «Chava» Jiménez.

1993, vencedor de la Vuelta a Vizcaya.

3. La disciplina

El alavés Igor González de Galdeano pasa al ciclismo profesional

Paso a profesionales en 1994.

Primer año como profesional en el equipo Euskadi.
Foto realizada en Aránzazu. 1995.

Duclos-Lasalle impuso su veteranía

El francés del Gan arrebató al sprint la victoria a Igor González de Galdeano

2ª ETAPA

Zegama • Vitoria / 194 Km.

VENCEDOR: Gilbert Duclos Lasalle.
MONTAÑA
—Km. 28, Deskarga (3ª): Irusta, Gianetti, Virenque.
—Km. 59, Arlaban (2ª): Irusta, Jalabert, Gianetti.
—Km. 90, Zaldiaran (3ª): Miceli, Galdeano, Duclos.
—Km. 153, Herrera (1ª): Miceli, Piccoli, Galdeano.
—Km. 178, Vitoria (3ª): Miceli, Piccoli, Galdeano.

ABANDONOS: Davide Cassani, Scott Sunderland y Ronan Pensec.

LIDER: *Gilbert Duclos-Lasalle.*

ITZIAR GOROSPE

Duclos-Lasalle e Igor González de Galdeano, en el momento de atravesar la línea de meta.   CARLOS GARCIA

VITORIA.— Un golpe de riñón fue suficiente para determinar una victoria y un liderato. El equipo Euskadi rozó la gloria, pero ésta se fue con el más veterano, Gilbert Duclos-Lasalle, un experimentado corredor del Gan que a sus 40 años demostró ayer que todavía tiene mecha para combatir en un sprint con tres jóvenes a los que dobla en edad —Galdeano (21 años), Miceli (23) y Piccoli (24). La veteranía es un grado y la victoria le llevó, además, a lucir hoy en la salida de Vitoria el maillot amarillo de líder.

Igor González de Galdeano pagó cara su sangre caliente y, quizá, su inexperiencia (neoprofesional). Tuvo en sus manos la oportunidad de pasar a la corta historia del Euskadi como el primer corredor en lucir el maillot de líder de una carrera —con más razón si ésta es la ronda vasca—, pero le pudo más el corazón. Corría en casa y quería dedicarle una victoria a su hermano Alvaro, convaleciente tras su accidente de la primera jornada. Igor se lanzó al sprint demasiado rápido y eso le perdió. No obstante, acabó en un sensacional segundo puesto que, aunque pueda saber a poco, dice mucho de un Euskadi que llega a esta Vuelta tremendamente motivado.

Duclose-Lasalle (Gan), Igor González de Galdeano (Euskadi), Marcelo Piccoli (Brescialat) y Nicola Miceli (Carrera) fueron los verdaderos protagonistas de una etapa extraña, a juicio de los propios directores de equipo.

PASIVIDAD.— La pasividad de los grandes favoritos ante el primer conato de escapada permitió que estos cuatro hombres terminaran cruzando la línea de meta 5 minutos 27 segundos antes que el pelotón. Una ventaja que complica las aspiraciones de hombres como Rominger, Jalabert, Zulle..., teniendo en cuenta que se trata de una carrera de cinco días y ya se han agotado dos.

La guerra interna entre los directores provocó esta situación.

Manolo Saíz no quería tomar la iniciativa, porque consideraba que el trabajo de su equipo del día anterior había sido suficiente. Juan Fernández pedía ayuda para acortar distancias con los escapados, pero el Mapei tuvo que tomar la iniciativa en solitario.

Cierto es que los hombres de Fernández sólo tiraron cuando vieron que los fugados disponían de casi 15 minutos respecto al grupo donde estaban todos los favoritos.

El italiano del Carrera Miceli fue el primero en tomar la iniciativa, después de un pequeño intento de escapada en el descenso al primer obstáculo (Arlaban). El italiano aprovechó el momento en que el pelotón engullía a las 50 unidades que habían protagonizado el conato para lanzar su demarraje.

DE PUENTE.— Igor González de Galdeano saltó tras él y se colocó de puente entre la unidad y el pelotón. Poco después, Piccoli y Duclos-Lasalle seguirían la estela del gasteiztarra. Para el kilómetro 72, los cuatro hombres ya formaban un cuarteto que no deshicieron hasta llegar a la capital alavesa. Por detrás, Pascual Rodríguez (Santa Clara) y Pavel Tchercassov (Aki) intentaban enlazar con los fugados.

Miceli, Galdeano, Piccoli y Duclos-Lasalle dispusieron de hasta un cuarto de hora de ventaja con respecto al pelotón que sólo reaccionó cuando conoció esta diferencia. Fernández situó a los hombres del Mapei en cabeza de pelotón, sobre todo después de que Zulle se intentara escapar ascendiendo a Herrera.

Absorbieron a Rodríguez y a Tchercassov y provocaron la ruptura en dos del gran grupo.

Etxabe, Escartín, Unzaga, Rominger, Olano, Mauleón y Arsenio tiraban de un grupo de 33 unidades, en el que se encontraban Zulle, Jalabert, Marcelino García y Bruyneel del ONCE, los pasivos Gewiss con Berzin, Volpi y Santaromita, entre otros. El trabajo de este grupo permitió acortar distancias, pero nunca anular una escapada que ya era definitiva.

Por delante, el cuarteto sufrió una pequeña separación en la subida a Herrera. Los dos italianos se marcharon dejando al francés y al vasco. Todo hacía indicar que el pacto era que Piccoli se llevara la etapa y Miceli el maillot de líder. Pero Galdeano y Duclos-Lasalle realizaron una excepcional progresión y se unieron a sus antiguos compañeros a falta de un kilómetro para meta. Era el momento de las miradas de control. Manillar bien agarrado. Rodar expectativo... e Igor se lanzó a 700 metros. A su rueda, el francés. Dos metros, un metro... En la misma línea de meta, el golpe de riñón de Duclos-Lasalle dejó al corredor del equipo Euskadi con la miel en los labios.

Una victoria para Alvaro

Igor González de Galdeano quería dedicarle la victoria a su hermano Alvaro. Igor sufrió mucho el lunes. Vio la caída y hasta muchos kilómetros después no sabía cuál era el alcance de la misma. Alvaro se quedó medio inconsciente en la carretera, al golpearse con la acera y esta imagen impresionó al hermano menor. Ayer, Alvaro, convaleciente en su casa de un esguince de tobillo, con puntos en la cadera y magullado Alvaro fue el principal testigo de la hazaña de su hermano. «Me dan escalofríos sólo con verle, sé que la etapa es muy dura y estoy seguro de que uno de los cuatro se va a llevar la victoria», decía en una emisora de radio el mayor de los González de Galdeano cuando todavía no se había llegado al ecuador de la etapa. Alvaro aseguró que Igor no estaba muy convencido de participar en la Vuelta al País Vasco y que fue él mismo quien le animó a hacerlo. «Igor no estaba muy seguro de participar por la dureza de la carrera, pero él se encontraba bien y yo le animé a que corriese. Al fin y al cabo, no tiene nada que perder y sí mucho que ganar». No ganó, pero su segundo puesto tiene sabor a triunfo.

Duclos-Lasalle me arrebata la victoria en la Vuelta al País Vasco 1995.

Primera victoria en el *Sport Noticias* (Portugal) como profesional 1996.

Marcha del equipo Euskaltel-Euskadi
al Vitalicio 1998.

Primera victoria internacional Tirreno Adriático 1999.

4. Camino al liderazgo

Un chaval le prestó la bicicleta para que pudiera llegar al podio

Igor vivió su victoria desde el autobús del Vitalicio. Cuando esta se confirmó, salió para recoger el maillot amarillo en un coche del equipo, pero el atasco que había para llegar a meta le dejó bloqueado. El corredor vitoriano optó por una solución desesperada: salió del auto y le pidió la bicicleta a un chaval, al que le contó que era el vencedor de la etapa y tenía que ir al podio. José María López, que así se llama el aficionado, natural de Orihuela, se quedó extrañado al principio, pero accedió a la petición de Igor. Al final éste le dio un gran abrazo y le devolvió su máquina tras pasar el control antidoping.

Primer maillot oro de la Vuelta a España 1999.

Victoria en Ordino-Arcalis 1999.

Articulo de opinión de Miguel Induráin tras mi victoria en Ordino-Arcalis.

Contrarreloj del Tiemblo (Ávila). Ullrich no daba opción.
Ulrich mostraba debilidad.

Articulo de opinión de Miguel Induráin tras mi victoria en Ordino-Arcalis.

Pódium final de la Vuelta a España 1999.

5. Cambio de liderazgo

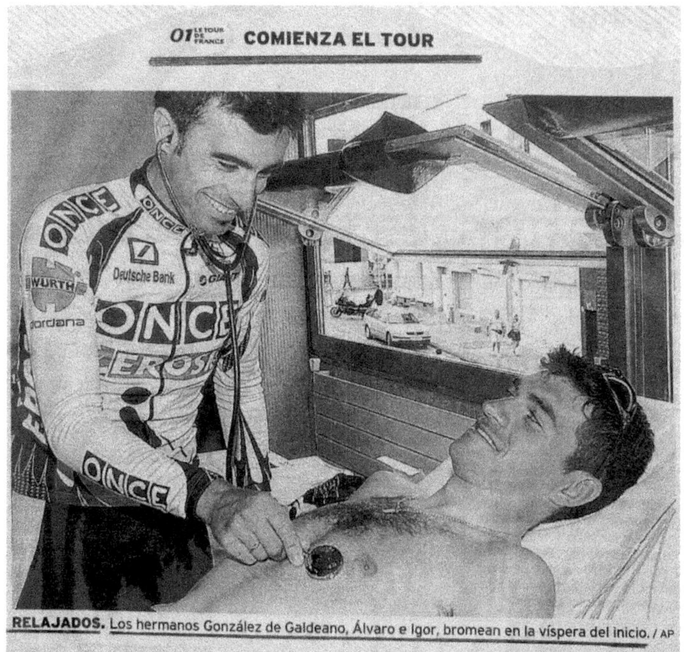

Realizando la revisión médica antes del Tour de Francia 2001, junto a mi hermana Álvaro.

Contrarreloj inicial donde quedé a un segundo de Christophe Moreau.

Sexta etapa, donde podía colocarme líder del Tour de Francia 2001.

Victoria en la etapa Zaragoza. Vuelta a España 2001.
Etapa más rápida en línea de la historia del ciclismo.

6. El maillot amarillo nunca viene solo

Midi Libre 2002. Primer día de victoria sobre Armstrong.

Vuelta a Alemania 2002. Victoria final.

Campeón de España 2002.

Victoria en la contrarreloj por equipos en la que me haría con el maillot de líder del Tour de Francia 2002.

Primer día de líder del Tour de Francia.

Antesala de la contrarreloj individual en la que me enfrentaba a Armstrong.

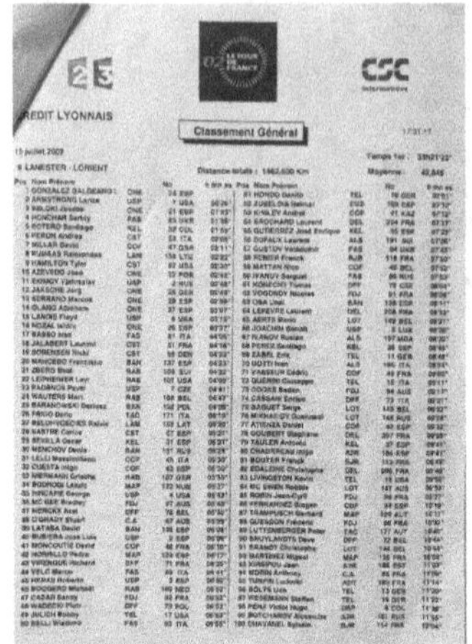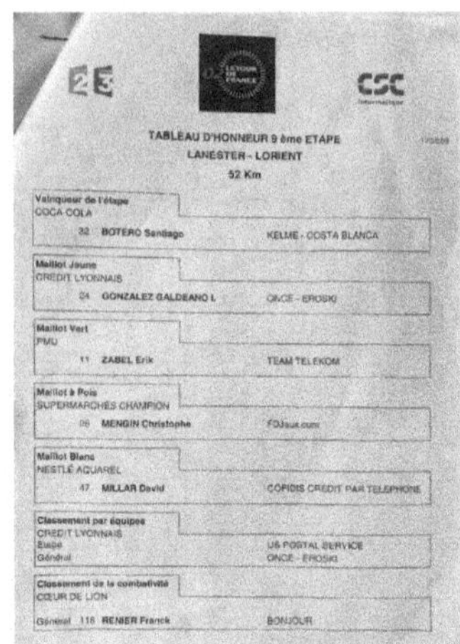

Clasificaciones tras la contrarreloj individual Tour de Francia 2002.

Junto al gran ciclista Miguel Induráin tras la contrarreloj del mundial en
Bélgica.

Deportes

Galdeano se vuelve de bronce

EXITO. Galdeano, durante la prueba que le valió la medalla de bronce. / AP

Una avería en la radio le impidió recibir instrucciones y conocer las referencias de sus rivales

Botero logra el primer oro para Colombia en un Mundial

B. URRABURU COLPISA. ZÖLDER

En un circuito tan plano, hecho para el músculo, las diferencias son siempre escasas y los detalles, determinantes. En uno de ellos, en la avería de la radio que comunicaba a Manolo Saiz con Igor González de Galdeano se le fueron al ciclista alavés sus opciones al oro en el Mundial. El metal más preciado eligió la fuerza del colombiano Santiago Botero; la plata se decidió por el alemán de granito, Michael Rich, que cedió ocho segundos, y eso sí, el bronce coronó la gran temporada de Galdeano, tercero en el Campeonato de Zölder, a sólo 17 segundos de Botero. Si mediado el recorrido al corredor vitoriano no se la hubiera estropeado el audífono, podría haber seguido el guión dictado por su director, Manolo Saiz, y haber tenido referencias, esa meta invisible que obliga a exprimirse aún más. «Sabiendo los tiempos hubiera andado más». Fue un lamento inicial, acompañado de inmediato por la sonrisa de saberse en un podio al que no pudo subirse Aitor González, séptimo al final.

Fue su día, pero también y sobre todo el de Santiago Botero, el nuevo campeón mundial. Colombiano, pesimista –decía que venía mal, con gripe, con el recuerdo de una mala Vuelta a España– y a la vez, un portento. Ahora que el 'molinillo' de Armstrong –esa forma suya de pedalear, tan ligera– está de moda, Botero tira por el camino opuesto: mastica los pedales, los atornilla. Se aplica sobre el 55x11 y se olvida del cambio. «La clave es forzar a tope con el viento en contra y respirar cuando sopla a favor». Fácil de decir y sólo a su alcance.

Botero, el corredor que este año ha batido en dos ocasiones contra el crono a Armstrong –en el Dauphiné y en el Tour– recogió ayer el premio a ese doble mérito.

Comenzó mal, atrancado, sin escuchar a Leguía, su director, que desde el coche le animaba a subir el desarrollo. En el kilómetro 20, Rich, el alemán que ya había sido plata en el Mundial de Plouay, era el mejor, con 10 segundos sobre Igor y 12 sobre Botero. Aitor González, fuera de tono, marcó el decimonoveno tiempo parcial. Luego remontó.

A Galdeano la avería en el audífono le sobrevino en ese momento. Desde allí hasta la meta –quedaban otros 20 kilómetros– no tuvo referencias. El mecánico del Once-Eroski, Faustino, se dejó la voz en el intento por darle instrucciones. Saiz, un técnico que siempre dirige cada pedalada de las contrarre-

«Sabiendo los tiempos hubiera andado más», dice el ciclista alavés

CLASIFICACIÓN	
1. Santiago Botero (COL)	48m08s
2. Michael Rich (ALE)	a 8s
3. Igor González de Galdeano (ESP)	a 17
4. Laszlo Bodrogi (HUN)	a 25
5. Uwe Peschel (ALE)	a 33
6. David Millar (GBR)	a 35
7. Aitor González (ESP)	a 1.04
8. Michael Rogers (AUS)	a 1.06
9. Fabian Cancellara (SUI)	a 1.07
10. Raivis Belohvosciks (LET)	a 1.15
11. Bogdan Bondariew (UCR)	a 1.16
12. Marc Wauters (BEL)	a 1.29
13. Bert Roesems (BEL)	a 1.29
14. Filippo Pozzato (ITA)	a 1.30
15. Vladheslav Dzinov (RUS)	a 1.30
16. Christophe Moreau (FRA)	a 1.35
17. Evgeni Petrov (RUS)	a 1.45

Medalla entre incidentes

B. U. ZÖLDER

Igor González de Galdeano es un tipo agradecido. Nada más bajar del podio se acordó de los que en él han confiado, de Paco Antequera, el seleccionador, y de Manolo Saiz, el director del Once-Eroski. «Apostaron por mí después de la caída en la Vuelta y creo que no les he defraudado. Lo único que yo podía hacer era prepararme, cuidarme y trabajar. Y eso es lo que he hecho», señaló.

Su satisfacción por el bronce estaba matizada por el hecho de haber tenido tan cerca la plata y el bronce. «No les voy a quitar mérito a Botero y Rich. No sé si lo habría podido hacer mejor si no se me hubiera estropeado la radio. Quizá sí. Escuchar a Manolo era fundamental. Me conoce, sabe lo que puedo dar. En cambio, así he tenido que regularme yo». Se va con ese mal sabor de boca: «Oyendo a Manolo me hubiese exprimido más y eso significan segundos que ganas».

La mala suerte con la radio pudo repetirse con la caída de una de las pancartas hinchables, que a punto estuvo de golpear al alavés. «Yo no me he enterado, pero ha caído sobre el coche que venía detrás y ha estropeado la bicicleta de repuesto que llevaba», explicó Galdeano, que, para colmo, estuvo «a punto de atropellar a una señora». Demasiados percances para tan poca diferencia con el oro y la plata.

Aitor: «No iba la Vespa»

El ganador de la Vuelta, Aitor González, había perdido la oportunidad de llevarse una medalla, pero no el buen humor. «No me iba la 'Vespa'. Quería, pero no podía. Desde el principio he visto que no iba a mi nivel. No he podido ni sufrir», relataba.

A la hora de buscar explicaciones, el ciclista guipuzcoano era claro: «La Vuelta me dejó machacado y, luego, con tantos homenajes y actos, no he podido entrenarme en condiciones. No es que me relajase. Es algo mental, que te viene sin darte cuentas, justificaba.

Tampoco la meteorología se alió con él. «He estado aterido de frío. Es como si hubiese corrido anestesiado». Notó esa falta de chispa sobre todo en la fase inicial de la contrarreloj. Su primera referencia, en el kilómetro 20, fue pésima –cedía 45 segundo a Rich–. Después se entonó y fue recuperando posiciones, aunque nunca tuvo opciones de subir al podio.

7. La fuerza de la confianza

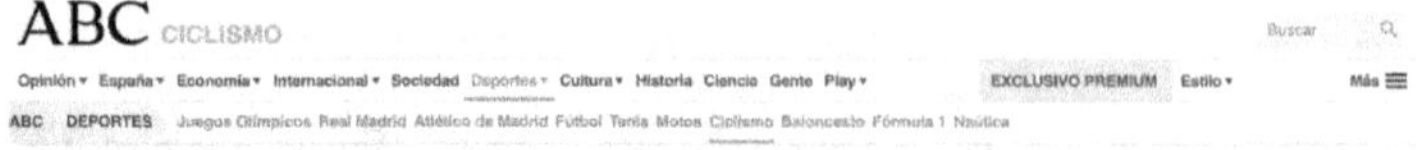

El ONCE-Eroski vence en la primera etapa, e Igor González se convierte en el primer líder de la Vuelta

Contrarreloj por equipos del primer día Vuelta a España 2003, donde me pongo líder.

Vuelta a España recibo la reconfortante visita de Nerea con mi primera hija, Nahia.

**CICLISMO
DEPORTES**

Liberty Seguros sustituirá al actual ONCE-Eroski a partir del próximo año

Igor González de Galdeano seguirá dos años más junto a Saiz, y su hermano Alvaro, uno

Beloki decidirá hoy si forma parte del proyecto

La incógnita de Beloki

Ángel Casero, a punto de fichar por el Kelme

Llega el nuevo patrocinador Liberty seguros.

IGOR GONZÁLEZ DE GALDEANO | CORREDOR DE ONCE-EROSKI

«Saiz nunca me ha engañado, ni con dinero, ni en cuestiones deportivas»

La presente temporada ha resultado la peor de toda su carrera como profesional para Igor y el ciclista alavés quiere olvidarla cuanto antes

BENITO URRABURU
DV. SAN SEBASTIÁN

Tiene 30 años, lleva nueve temporadas de profesional y considera que le quedan tres campañas a un nivel alto dentro del ciclismo profesional. Igor González de Galdeano ha sido, y es, un ciclista poco dado a las estridencias, dentro y fuera de la carretera, discreto, que sigue pensando que tiene el triunfo en una grande en sus piernas.

—Quedan pocos días para finalizar el año. ¿Ha sido ésta su peor temporada desde que llegó al mundo profesional?

—Sí. Mi salud ha sido un desastre. Lo de Francia (los seis meses de sanción para correr en territorio francés) me afectó bastante. La caída en la Vuelta a Alemania me rompió todo el año. Primero llegaron las desgracias y, luego, las desgracias no me dejaron competir. De todas formas, hay que decir que estando bien tienes que responder.

—Y su retorno a la competición para preparar la Vuelta a España, ¿resultó precipitado?

—Hasta el 8 de junio no pude volver a entrenarme. Pensaba que llegaba bien a la Vuelta y te das cuenta que, según transcurren los días, vas a menos, que el tiempo de preparación ha sido poco, que las cosas no te salen como tú pensabas. De todo se termina aprendiendo, de lo bueno y de lo malo.

—De cara al futuro, ¿qué le ha parecido el fichaje de Roberto Heras, su nuevo compañero?

ta grande. Roberto Heras ya lo ha hecho.

—¿?

—También hay que contar con Nozal, aunque le van a exigir mucho. Lo más difícil no es conseguir un podio en una grande, con la dificultad que tiene. Lo difícil viene ahora. Todo lo que haga de menos que lo que ha hecho parecerá un fracaso. Isidro lo sabe y llevará bien esta circunstancia.

—¿Le queda alguna secuela de la Vuelta?

—Mis relaciones con Nozal son buenas. Lo dije durante la Vuelta: no pasó nada entre nosotros. El final de la Vuelta resultó un desastre para nosotros. De tenerla ganada, lo perdimos todo.

—¿Le consultó Manuel Saiz el fichaje de Heras?

—No me lo consultó, ni me lo dijo, ni tenía por qué hacerlo. Lo único que sabía es que quería fichar a alguien de nivel para sustituir a Joseba Beloki.

—Después de todo lo que ha sucedido, ¿cuál es su relación con Joseba Beloki?

—Buena, como siempre. En su momento se creó una tensión, una situación que a unos les hizo desconfiar de Manolo y a otros, no. Algunos confiamos y hablamos con él. Al final salimos de una situación complicada.

—¿Cuál es su relación con el resto de sus compañeros de equipo?

—Hubo tensiones, pero acabamos hablando todos y se arregló.

—¿Por qué no desconfió usted de Manuel Saiz?

—En tres años que llevo con él no me ha engañado nunca, ni con asuntos de dinero, ni a nivel deportivo. Yo no tenía por qué desconfiar de él.

Igor González de Galdeano quiere olvidar lo más rápido posible la presente temporada. (MIKEL FRAILE)

Entrevista tras firmar con Manolo Sainz por dos temporadas.

8. La soledad del deportista

Titular en *Mundo deportivo* tras anunciar mi retirada.

José Miguel Echábarri, en el centro, hombre descubridor de Perico Delgado, Ángel Arroyo o el mismo Miguel Induráin. Me dijo la frase: «Tras abandonar el ciclismo profesional, el pasado se mira en compañía, el futuro en soledad».

9. La soledad del líder

Igor González de Galdeano, presentado oficialmente como nuevo secretario técnico de Euskaltel-Euskadi

Europa Press · **Competición Carretera** · 02/11/2005

El ex ciclista Igor González de Galdeano, retirado de la práctica ciclista profesional esta temporada tras defender los colores del Liberty Seguros, fue presentado este mediodía como nuevo secretario técnico del Euskaltel-Euskadi, equipo en el que dio sus primeras pedaladas como profesional cuando se denominaba Euskadi.

El corredor vitoriano, de 32 años (los cumplió ayer, 1 de noviembre), será derecha del manager general Miguel Madariaga, al que ayudará en la dirección técnica de la escuadra naranja durante el año 2006.

"Mi labor será, principalmente, la de coordinar y planificar todo lo relacionado con el plano deportivo y ayudar a los corredores con mi experiencia a intentar alcanzar los máximos objetivos posibles", explicó González de Galdeano, que acumuló un total de 14 victorias durante sus 10 años como profesional como corredor de los equipos Euskadi (1995-1998), Vitalicio Seguros (1999-2000), ONCE (2001-2003) y Liberty (2004-20005).

Por su parte, Miguel Madariga destacó que el fichaje de Igor González de Galdeano ayudará a Euskaltel-Euskadi, entre otras cosas, a "lavar la ropa en casa".

"Este equipo hasta ahora ha tenido ambición y otra manera de correr que este año no se ha visto. Puedo intuir cuáles han sido algunas de las razones que lo explican, y como me gustalavar la ropa en casa he puesto debajo de mí a una persona como Igor que ya ha estado en esta casa y sabe cómo funciona", comentó.

Galdeano contaba con una oferta de Manolo Saiz para integrarse en el cuerpo técnico del Liberty, pero le sedujo mucho más la propuesta de Miguel Madariaga porque le permitirá compaginar sus nuevas tareas en Euskaltel-Euskadi con el final de sus estudios de INEF.

El corredor vitoriano es la última incorporación al organigrama técnico de Euskaltel-Euskadi, al que se unió la pasada semana Xabier Carbayeda, hasta ahora masajista de la escuadra 'naranja' y encargado de seleccionar la cantera, que será el tercer director del equipo naranja, junto a Julián Gorospe y Gorka Gerrikagoitia.

Miguel Madariaga cede a Igor González de Galdeano el cargo de mánager general del Euskaltel-Euskadi

Ciclismo | Euskaltel-Euskadi

González de Galdeano, por Miguel Madariaga

1 de diciembre de 2009 · 07:40 CET

Igor González de Galdeano será el nuevo manager general del equipo Euskaltel-Euskadi a partir de la próxima temporada, y sustituye a Miguel Madariaga, que trabajará a partir de ahora con el ciclismo base de la Fundación. Samuel Sánchez se consolida como su posible líder en el Tour de Francia, y pone en marcha el programa juego limpio para luchar contra el dopaje dentro del conjunto, salpicado por dos positivos en la última temporada.

Galdeano inicia su
sexta temporada.
:: BORJA AGUDO

«Cuidado con Antón en el Giro»

Igor González de Galdeano Mánager general del Euskaltel-Euskadi

J. GÓMEZ PEÑA

Con el equipo consolidado en la élite, el técnico vitoriano se prepara para brillar en las tres grandes vueltas durante 2011

BILBAO. Igor González de Galdeano tiene edad de ciclista, 37 años, pero en 2005 pasó de corredor a técnico en un santiamén. Había dicho en casa que iba a tomarse un respiro tras once años como profesional y, sin embargo, cogió sin pausa el volante con el que ha construido un Euskaltel-Euskadi capaz de ganar una gran vueltas.

– Va a iniciar su sexta temporada al frente del conjunto naranja. ¿Tiene ya el equipo que quería?

– Sí. Tenemos los corredores necesarios para seguir en el ProTour. Hemos hecho un esfuerzo por mantenernos en la élite. Habernos quedado fuera habría sido un mazazo. Si pierdes la categoría es muy difícil recuperarla luego.

– Para conservar esa plaza, el Euskaltel-Euskadi ha tenido que hacer su mejor temporada: 17 triunfos.

– Apostamos hace cuatro años por corredores como Igor Antón o Rubén Pérez, y ahora nos han llegado los frutos. Muchos de nuestros ciclistas rondan los 28 años, la mejor edad, y vamos a recoger lo que hemos sembrado.

– ¿Tiene ya definido el calendario de sus figuras?

– Tenemos dos líderes sólidos. Hemos demostrado por primera vez ser capaces de ganar la Vuelta a España. Este equipo está preparado para ir al próximo Giro con Igor Antón con muchas expectativas. Ya no iremos a ver qué pasa, sino con ambición. Además, a Igor le gusta esa carrera. Cuidado con él en este Giro. Por su parte, Samuel Sánchez se adapta muy bien al mes de abril, a la Vuelta al País Vasco, y le tiene muchas ganas al Tour, de donde ha salido este año muy reforzado.

– ¿Antón hará Giro y Vuelta?

– Sí. Va para 28 años. Ya tiene edad para hacer dos grandes vueltas. Hasta ahora no lo habíamos hecho porque creía que el equipo era más muy joven, pero esta temporada me han demostrado que ya están listos. Han crecido mucho.

– Será un Giro terrible, cosido a puertos. ¿A qué irá Antón, a por una etapa o con la general como meta?

– Antón irá al cien por cien. Sabemos que allí mandan los equipos italianos. Estaremos a su sombra, sin coger la responsabilidad. Pero es una carrera a la que se puede adaptar muy bien. En principio, el objetivo será una etapa, algo que nunca hemos conseguido, aunque Igor ha dado un salto físico y psicológico muy grande, y está capacitado para más.

– El Euskaltel cuenta con un psicólogo, colabora con el laboratorio Genetadi para mejorar la recuperación de los ciclistas, afina la dietética y la biomecánica... ¿Va por ahí el nuevo ciclismo?

– Al ciclista no solo hay que perseguirle y contarle los caminos hacia el dopaje. También hay que apoyarle para que su recorrido deportivo sea limpio y brillante. Estamos aportando mucho dinero para arropar a nuestros corredores con todos los medios posibles.

– También han metido a Igor Antón en un programa para reforzar su condición de líder. ¿Lo es?

– Igor por sí mismo no demuestra ser un líder, pero cuando se puso el maillot rojo de la Vuelta no lo quería soltar. Nosotros le dijimos que quizá era mejor ceder el liderato unos días y el se negó. Quería ser el líder de la Vuelta. No demuestra ser un líder, pero lo es. Lo lleva dentro, aunque le cuesta expresarlo.

– Samuel acabó cuarto en el Tour. ¿Puede subir al podio en 2011, ya con 33 años?

– Samuel es el corredor más cuidado del Euskaltel-Euskadi. No ha hecho muchos días de competición. Eso sí, cuando corre es competitivo. Será fresco. 2011 es el año para apostar por todo.

– ¿Por la victoria en el Tour?

– Para ganarlo se tienen que dar muchas circunstancias. Puede subirse al podio. Hay corredores que están por encima de él, pero podrían darse situaciones que le beneficiaran. Como le pasó a Sastre en 2008.

Sicard e Intxausti

– En 2010, el Euskaltel-Euskadi ha sabido arropar a un líder de la Vuelta, a Antón. ¿Es ya un equipo con fondo para asumir el mando de las grandes carreras?

– Lo importante no es solo valorar al que gana, sino también al que ayuda a ganar. Y creo que he conseguido que cuando triunfen Igor o Samuel, el resto se sientan partícipes de ese triunfo. Y al revés, que compartan también las tristezas.

– Ese modelo de gregario llega desde la factoría de la cantera: el Naturgás amateur y el Orbea, el filial.

– Son corredores a los que conocemos antes de que dén el salto. No te llevas ninguna sorpresa. No todos llegan a ser grandes profesionales, pero sí responden a lo que esperamos de ellos. Ahora han pasado desde el Orbea Mikel Landa y Jon Izagirre, y estoy convencido de que van a estar a un gran nivel.

– ¿Qué le pide a Sicard, la gran esperanza del ciclismo francés?

– Debutará en la Vuelta. Su objetivo es estar allí lo más fresco posible. Es el corredor del futuro.

– En Francia le quieren ver ya en el Tour.

– Todavía no. Para mí sería muy fácil llevarle, nos daría un gran cartel de presentación. Pero eso es pan para hoy y hambre para mañana. Ha ganado el Tour del Porvenir y el Mundial sub'23, este año se ha dejado ver en el Dauphiné y la próxima temporada correrá con Samuel la Vuelta al País Vasco y luego irá a la Vuelta a España. Tiene muchos años por delante. Se va a curtir de correr Tours.

– ¿Es tan bueno?

– Es como Antón. Un chaval sencillo, de los que no da un problema. Va a ser, seguro, un gran ciclista. ¿Ganar un Tour? Eso es muy difícil decirlo. En el Dauphiné, en la etapa que terminó en la cima de Risoul, me demostró que tiene carácter de líder. Acabé segundo y no estaba contento. Ese día me deshidraté. Romain sabía que yo no podía ver la carrera y entonces decidió atacar. No me hizo caso, pero acertó. A veces, hay que tener tu propio criterio.

– ¿Echará de menos a Intxausti?

– Seguramente. Es el corredor vasco del futuro, pero no está y punto.

– ¿Se ve llegando de líder a Bilbao o Vitoria en la próxima Vuelta a España?

– Es algo posible, pero soy cauto. Vi a Igor Antón muy superior al resto en la pasada Vuelta. Pocas veces he visto un caso como el que le he visto a él. Con Igor y con Samuel tenemos un gran proyecto para los próximos tres años.

– ¿Con qué ciclista compara a Antón?

– No me recuerda a ninguno. Es peculiar. Un escalador puro, más completo de lo que muchos piensan. Si no se cae en Peña Cabarga, habría sido una sorpresa en la contrarreloj llana de Peñafiel. Tiene motor y también un un defecto: es muy nervioso. El Tour aún le pesa, pero será un corredor para el Tour dentro de un tiempo.

– Es su segundo año como mánager. ¿Era más duro ser ciclista?

– Se vive mejor como ciclista. El corredor vive para sí mismo, y yo lo hago para cincuenta personas.

– Cuando colgó la bicicleta, en 2005, ¿pensaba ya en seguir este camino?

– No. Iba a ponerme a estudiar (Educación Física). De hecho, la familia llevó mal los dos primeros años que me dediqué a dirigir el equipo. Falté a mi palabra. Le había prometido a mi mujer que el dejar la bici me iba a quedar en casa, y mira... Pero se que soy un afortunado, estoy en un proyecto sólido y de nada eso se da cuenta la familia.

> «La familia llevó mal los dos primeros años que me dediqué a dirigir el Euskaltel-Euskadi»

Igor González de Galdeano deja su cargo como manager del Euskaltel
CICLISMO

Igor González de Galdeano deja su cargo como manager del Euskaltel

Abandona el equipo por motivos personales

28.09.11 - 17:20 -
AGENCIAS |

Igor González de Galdeano dejará de ser el manager general del Euskaltel Euskadi en 2012 por decisión propia, según informó ayer el equipo vasco. Por medio del promotor del equipo, Miguel Madariaga, el Euskaltel Euskadi ha pedido al excorredor alavés que continúe en el cargo hasta el final de la presente temporada, ya a punto de finalizar.

Igor González de Galdeano ha comunicado a Madariaga la decisión de dejar su cargo el próximo curso y ha aducido para ello "motivos personales" y la intención de encaminar su vida profesional "hacia nuevos retos". "No es un punto y final al equipo, sino un punto y seguido a mi trayectoria profesional. Necesito nuevos retos y eso ha propiciado mi decisión", ha apuntado el todavía directivo en el comunicado remitido por Euskaltel.

Agradecido por "los seis años de formación y de desarrollo profesional y personal únicos" que ha vivido en el Euskaltel como director deportivo y, después, manager general, Igor González de Galdeano ha asegurado que su relación con Madariaga, que es "más que profesional, más que de presidente a manager", ha sido lo que más le está "costando" superar para decidir dejar el equipo.

En todo caso, se ha mostrado "convencido de la capacidad de los técnicos" que han trabajado a su lado en el grupo deportivo naranja "para liderar deportivamente este proyecto" debido a su "larga trayectoria y valía".

Ha considerado que "Miguel sigue teniendo un gran equipo" y ha adelantado que, "por supuesto, siempre podrá contar" con su "apoyo". Madariaga, "preocupado" por la marcha de un colaborador con el que mantiene "una estrecha relación", se ha mostrado comprensivo con su decisión y ha dicho que la respetará.

"Lo único que le he pedido a Igor es que se mantenga en su puesto hasta final de esta temporada. Las causas y razones son de Igor y él tendrá que explicar, si lo cree oportuno, qué es lo que le ha llevado a querer dejar este puesto", ha apuntado.

Nuevo organigrama

La Fundación Euskadi, en todo caso, ya ha adelantado que dará "a conocer de aquí a final de temporada un nuevo organigrama deportivo profesional, basado en la actual estructura y reforzando la apuesta por los técnicos de la casa".

Ha asegurado que "la apuesta de futuro del proyecto Euskaltel Euskadi por parte de la Fundación Ciclista Euskadi es clara" y que "seguirá trabajando por mantener al equipo en la máxima categoría del ciclismo mundial"

Igor González de Galdeano volverá el ser mánager general de Euskaltel en 2013

EFE 25.6.2012

El presidente de la compañía de telefonía Euskaltel, Alberto García Erauzkin (i), en presencia de algunos de los ciclistas del Euskaltel-Euskadi que disptuarán el Tour 2012. **EFE**

DERIO. Así lo ha confirmado hoy el presidente del operador telefónico vasco, Alberto García Erauzkin, a la conclusión del tradicional acto de despedida del equipo vasco hacia el Tour de Francia, que comenzará el próximo sábado en Lieja (Bélgica).

El máximo directivo de Euskaltel ha garantizado además la continuidad del equipo ciclista a partir del próximo año, y "sin fecha de caducidad", en el que será el inicio del "segundo gran ciclo" de un proyecto que nació hace 19 años de la mano de la Fundación Euskadi creada por Miguel Madariaga.

García Erauzkin ha subrayado que las pautas que van a regir el nuevo Euskaltel Euskadi, que mantendrá como nombre el de sus "dos marcas principales", serán formar una escuadra que compita "en la elite mundial aprovechando la mejor estructura de cantera del mundo".

El presupuesto del equipo naranja estará "seguro por encima de los siete millones de euros" y, según el presidente de Euskaltel, seguirá contando con el apoyo de las instituciones vascas, tanto del Gobierno vasco como de las diputaciones de Bizkaia, Gipuzkoa y Araba.

Libertad Digital

FÚTBOL · LA LIGA SANTANDER · CHAMPIONS · BALONCESTO · NBA · TENIS · MOTOR · FÓRMULA 1 · MOTO GP · BOXEO · EN DIRECTO · **MÁS DEPORTE**

El Gobierno vasco deja de patrocinar Euskaltel Euskadi

La UCI exige los primeros avales para 2014 a finales del mes de agosto. El equipo deberá tener nuevo patrocinador si quiere seguir compitiendo.

Libertad Digital   2013-07-29

Temas

País Vasco

El conjunto ciclista del **Euskaltel Euskadi** se ha quedado sin el apoyo económico de las instituciones públicas del País Vasco, lo que ha hecho que la empresa de telefonía Euskaltel asuma esa cantidad este año para que pudiesen competir.

El equipo tiene un presupuesto anual de 9 millones de euros, de los que **Euskaltel aporta 3,5 millones**. Sin embargo, para el presupuesto de 2013 esa cantidad ascendió hasta los 7 millones de euros por la negativa del Gobierno vasco a seguir subvencionando el conjunto ciclista en la presente temporada.

El equipo tiene un presupuesto anual de 9 millones de euros, de los que **Euskaltel aporta 3,5 millones**. Sin embargo, para el presupuesto de 2013 esa cantidad ascendió hasta los 7 millones de euros por la negativa del Gobierno vasco a seguir subvencionando el conjunto ciclista en la presente temporada.

El nuevo proyecto comenzaba en 2013 con previsiones de un presupuesto que oscila entre los 36 y los 40 millones para los próximos cuatro años, lo que sitúa la cifra anual en los 9 millones de euros.

Ante la falta de dinero, los máximos responsables de la entidad señalaron a través de una nota, asegura que "la imposibilidad de las instituciones de cubrir su parte del presupuesto para el equipo, como consecuencia de la crisis económica, hace insostenible la continuidad del proyecto en su modelo actual, por lo que es imprescindible la entrada de un nuevo patrocinador que garantice la sostenibilidad del equipo".

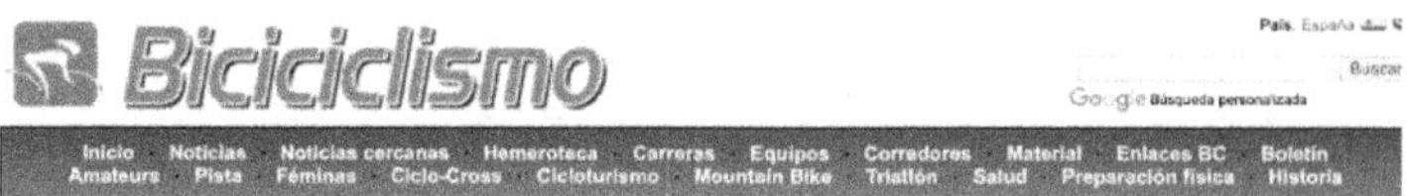

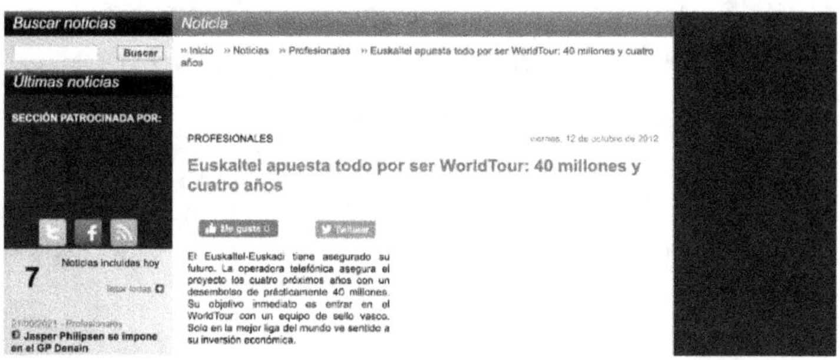

Fernando Alonso REUTERS

MOTOR / CICLISMO

Fernando Alonso y su proyecto del equipo ciclista que acabó en nada

El piloto asturiano reveló todas las dificultades que tuvo que hicieron que su idea no se pudiese llevar a cabo.

24 abril, 2020 - 10:03

Ciclismo

El equipo ciclista Euskaltel Euskadi confirma que desaparecerá al acabar la temporada

- Participará con normalidad en la Vuelta a España

- El motivo es que no ha encontrado un segundo patrocinador

- Era el equipo más antiguo del ciclismo profesional de elite

20.08.2013 | 12:05 horas

Por RTVE.es / AGENCIAS

1 min.

El equipo ciclista Euskaltel Euskadi desaparecerá al acabar la presente temporada al no encontrar un segundo patrocinador para el próximo año.

El equipo vasco, inscrito en el UCI World Tour, la máxima categoría del ciclismo profesional, ha iniciado un "cierre ordenado y responsable" con la "inmediata" negociación de la concesión de la carta de libertad de los ciclistas con contrato para las próximas temporadas, según informa en un comunicado.

Euskaltel Euskadi concluirá la temporada actual con normalidad y el próximo sábado iniciará su participación en la Vuelta a España con un potente equipo con sus tres líderes: Samuel Sánchez, Igor Antón y Mikel Nieve.

El equipo vasco era el más antiguo del ciclismo profesional de elite, con 17 temporadas consecutivas, y su desaparición convertirá al Movistar en el único equipo español en el UCI World Tour en 2014.

Recibiendo el galardón «Distinción Directiva Javier Fernández Aguado».

Conferencias para jóvenes desde el proyecto *Machining meets Cycling by* CERATIZIT Y ATS.

Conferencias «El maillot amarillo en las organizaciones».

Programás de formación para empresas con referentes en el *management*.
Igor González de Galdeano acompañado de Javier Fernández Aguado.

KOLIMA
BOOKS